CARL FRIEDRICH VON SIEMENS STIFTUNG · THEMEN BD. 106

Ernst Osterkamp
Felix Dahn oder Der Professor als Held

Herausgegeben von Heinrich Meier

ERNST OSTERKAMP

Felix Dahn
oder
Der Professor als Held

Carl Friedrich von Siemens Stiftung
München

Zum Umschlag

Die Vorderseite zeigt Felix Dahn im Alter von 6 Jahren.
Gemälde von Engelbert Seibertz.
Frontispiz der *Erinnerungen von Felix Dahn* (Leipzig 1895).
Auf der Rückseite ist der Professor und Schriftsteller Dahn abgebildet.

Erweiterte Fassung eines Vortrags, gehalten in der
Carl Friedrich von Siemens Stiftung am 7. November 2018.
Der Abend wurde geleitet von Professor Dr. Bernhard Maaz,
Generaldirektor der Bayerischen Staatsgemäldesammlungen.

Inhalt

Felix Dahn oder Der Professor als Held 7

Der Griff zum Gewehr *21*

Wir sind Helden *66*

Tod und Verklärung *90*

Widmungspolitik *106*

Über den Autor *129*

»Themen«
    Eine Publikationsreihe
    der Carl Friedrich von Siemens Stiftung *133*

ERNST OSTERKAMP

Felix Dahn
oder
Der Professor als Held

Felix Dahn hat von sich selbst in seinen *Erinnerungen* gesagt: »ich war und bin nur ein Gelehrter und Lehrer zweiten und ein Dichter dritten Ranges«.[1] Diesem Urteil hat bisher niemand im Ernste widersprochen, und auch ich werde ihm nicht widersprechen. Warum aber, wenn unsere Lebenszeit schon fürs Erstrangige nicht reicht, sich mit Drittrangigem beschäftigen? Ein Literaturwissenschaftler, bei dem Goethe im Zentrum des Forschungsinteresses steht, sollte sich dies schon deshalb gut überlegen, weil sich aus sprödem literarischem Gestein nur schwer ideelle Funken schlagen lassen. Drittrangige Texte erkennt man auch daran, dass sie interpretatorisch unergiebig sind.

Also werde ich nicht umhinkönnen, die Entscheidung, mich mit der Gestalt Felix Dahns und seinem Werk zu beschäftigen, im ersten Schritt zu begründen, bevor ich in den nächsten Abschnitten spezifische Zugänge zu Autor und Werk erprobe, dies allerdings in dem Bewusstsein, dass auch ganz andere methodische und thematische Vorgehens-

---

1 Felix Dahns *Erinnerungen* umfassen vier Bücher, die in fünf Bänden erschienen sind: Erstes Buch. Bis zur Universität (1834–1850). Leipzig 1890; Zweites Buch. Die Universitätszeit. Leipzig 1891; Drittes Buch. Die letzten Münchener Jahre (1854–1863). Leipzig 1892; Viertes Buch. Würzburg – Sedan – Königsberg (1863–1888). 1. Abtheilung (1863–1870). Leipzig 1894; Viertes Buch. Würzburg – Sedan – Königsberg (1863–1888). 2. Abtheilung (1871–1888). Leipzig 1895. Sie werden im Folgenden zitiert als *Erinnerungen* unter Angabe der Bandzahl; hier: *Erinnerungen*, Bd. 4.2, S. 764.

weisen hätten gewählt werden können. Eine umfassende Darstellung von Leben und Werk wird hier nicht angestrebt; wer sie sich zum Ziel setzt, hat sich auf extensive Archivrecherchen einzurichten und muss sich auf eine geschulte und erprobte Fähigkeit zur Verarbeitung gewaltiger Textmengen stützen können. Im gegebenen Rahmen ist ohnehin nichts anderes möglich, als eine Textlandschaft von erschreckenden Ausmaßen zu überfliegen und nur hier und da zu sondieren, ob sie fruchtbar ist oder nicht doch nur aus toter Asche besteht.

Das 19. Jahrhundert ist das unbekannteste Jahrhundert der deutschen Literaturgeschichte. Auf die gewaltige Expansion des Buchmarkts und der Literaturproduktion, die durch die Industrialisierung der Papier- wie der Buchherstellung und durch die ständige Erweiterung des Lesepublikums hervorgerufen wurde, hat die Literaturwissenschaft mit einer rigorosen Kanonisierungspolitik reagiert; so blieb von der uferlosen literarischen Produktion des 19. Jahrhunderts im deutschsprachigen Raum nur ein schmaler Kanon von acht bis zwölf Autoren übrig, deren Nachruhm zudem häufig verdeckt, dass ihr Werk zu ihren Lebzeiten auf dem Literaturmarkt marginalisiert war: von Georg Büchner über die Droste bis zu Gottfried Keller. Auf der Basis dieses schmalen Kanons lässt sich die literarische Wirklichkeit des 19. Jahrhunderts nicht begreifen und der Beitrag der Literatur zum geschichtlichen Verständnis des 19. Jahrhunderts nicht angemessen einschätzen. Ich bin deshalb in meinen späteren Universitätsjahren dazu übergangen, in meinen Vorlesungen über die Literatur des 19. Jahrhunderts den Kanon dadurch zu unterlaufen, dass ich neben den Werken der großen Autoren auch Erfolgsromane der Zeit vorgestellt habe, die nicht nur bestimmte historische Problemfelder besser zu verstehen erlauben, sondern die durch ihre Konfrontation mit Werken des Kanons diese selbst in ein neues Licht stellen: Romane zum Beispiel von Henriette von Paalzow, der Lieblingsautorin des preußischen Königs Friedrich Wilhelm IV., von Willibald Alexis, dem Virtuosen des »vaterländischen« historischen Romans, von Karl Gutzkow, dem Titan des Zeitromans. Und natürlich auch *Ein Kampf um Rom* von Felix Dahn.

Dass ich mich mit Felix Dahn intensiver zu beschäftigen begann, als dies angemessen erscheinen mag, hat seinen Grund darin, dass er mir trotz seiner erstaunlichen Geheimnislosigkeit zunächst immer unbegreiflicher wurde: nicht nur aufgrund der immensen Proportionen seines Werks, sondern vor allem durch überraschende Konstellationen und literaturgeschichtliche Bezüge, mit denen zumindest ich bei Dahn, der mit seinen Romanen zu den folgenreichsten Ideenlieferanten und Bildproduzenten des deutschen Nationalismus und eines verhängnisvollen Germanenkults zählt, nicht gerechnet hatte. Die Eindeutigkeit des Urteils wurde gewissermaßen durch uneindeutige historische Verbindungen und Bezüge in Frage gestellt. Um einige Beispiele zu geben: Natürlich verbietet es uns das literaturwissenschaftliche Gewissen, die Namen Droste-Hülshoff und Dahn in einem Atemzug zu nennen. Wenn man dann aber auf die Tatsache stößt, dass Dahns zweite Gattin den Mädchennamen Therese von Droste-Hülshoff trug und eine Großnichte der Dichterin war, dann fragt man sich unwillkürlich, ob nicht doch subkutane Verbindungslinien zwischen den historischen Verserzählungen und Balladen der Droste und denjenigen Dahns bestehen.

Oder: als Theodor Fontane im März 1859 zum ersten Mal in der Münchner Dichtergesellschaft der Krokodile auftrat, schrieb er beglückt an seine Frau: »Auch Felix Dahn war zugegen.«[2] Dabei war Dahn erst 25 Jahre alt und hatte bis dahin nur das kleine Versepos *Harald und Theano* und einen Gedichtband veröffentlicht, aber die beiden kannten sich seit Dahns Berliner Studienjahr 1852/53 aus dem Dichterclub »Tunnel über der Spree« und hatten sich seitdem wechselseitige Wertschätzung bewahrt. *Harald und Theano*, 1855 erschienen, trägt übrigens eine Widmung an Friedrich Rückert, den damals neben Uhland und Heine berühmtesten deutschen Dichter; ihn verehrte Felix Dahn so sehr, dass er ihn schon als Zwanzigjähriger besucht und später in Gestalt des Königs Theoderich in seinem Erstlingsroman *Ein Kampf um Rom* porträtiert hat. Bereits dies weist den monumentalen Gotenhelden als eine Imagination des 19. Jahrhunderts mit Schweinfurter Herkunft aus. Apropos *Ein Kampf um Rom*: die Handschrift des vierbändigen Romans befindet sich an dem unwahrscheinlichsten, weil literaturhistorisch prominentesten Ort, der sich denken lässt: nicht in Dahns Münchner Nachlass, sondern im Goethe- und Schiller-Archiv in Weimar, in der Nachbarschaft nicht nur zu den Manuskripten Goethes und Schillers, sondern auch zu der fragilen Handschrift des *Woyzeck* von Georg Büchner.[3]

---

2 Emilie und Theodor Fontane: *Geliebte Ungeduld. Der Ehebriefwechsel. 1857–1871*. Hg. von Gotthard Erler unter Mitarbeit von Therese Erler. 2. Auflage. Berlin 1998, S. 147.

3 Das Manuskript wurde dem Goethe- und Schiller-Archiv am 10. April 1898 von Anna von Doß (Partenkirchen) geschenkt; Dr. Silke Henke (Klassik Stiftung Weimar, Goethe- und Schiller-Archiv) sei herzlich für diese Auskunft gedankt. Zu Adam von Doß, dem treuen Anhänger und Korrespondenzpartner Arthur Schopenhauers, und seiner Gattin Anna, der langjährigen Freundin des Ehepaars Dahn, aber auch Conrad Ferdinand Meyers, vgl. Felix Dahn: *Erinnerungen*, Bd. 3, S. 536–538. Zu Anna von Doß vgl. grundsätzlich Anna von Doß: *Briefe über Conrad Ferdinand Meyer*. Hg. von Hans Zeller. Bern 1960, S. 39–52.

Es sind literaturgeschichtliche Konstellationen wie diese, die die Beschäftigung mit Dahn so überraschungsreich und irritierend gestalten, denn in diesen Bezügen werden die gängigen literaturgeschichtlichen Sortierungen zwischen Hoch und Niedrig, zwischen kanonischer Größe und Trivialität unterlaufen; sie entsprechen der komplexen literaturgeschichtlichen Wirklichkeit des 19. Jahrhunderts offenbar nur begrenzt. Ich nenne noch zwei Beispiele: Sämtliche Auflagen des Romans *Ein Kampf um Rom* tragen die Widmung »Meinem lieben Freund und Collegen Ludwig Friedländer zu eigen.« Dass dieser Roman einem zum Protestantismus konvertierten großen Philologen jüdischer Herkunft gewidmet ist, sollte schon deshalb nicht übersehen werden, weil Felix Dahn entschieden gegen den Antisemitismus seiner Zeit auftrat, und dies ist von den jüdischen Verbänden und Studenten zu seinen Lebzeiten auch immer anerkannt worden. Ein kleines Fundstück hierzu: Im Münchner Nachlass findet sich unter den zahlreichen Telegrammen, die Dahn 1905 zu seinem 50. Doktorjubiläum erreichten, auch ein in Zürich aufgegebenes: »herzlichst gratulirt ihre dankbare erste schuelerin = elsbeth cohn«.[4] Es handelt sich um die Tochter des Zürcher Rechtshistorikers Georg Cohn, die spätere Ökonomin Elsbeth Cohn. Und als zweites Beispiel: Dahns vielleicht bestes wissenschaftliches Werk, die 1865 erschienene große Monographie über den byzantinischen Historiker Prokop, trägt eine Widmung an den bedeutendsten liberalen Historiker seiner Zeit: Theodor Mommsen. Mommsen und Dahn wird heute politisch

---

[4] Bayerische Staatsbibliothek München, Handschriftenabteilung, Ana 580. Der Abteilung Handschriften und Alte Drucke der Bayerischen Staatsbibliothek sei herzlich für ihre großzügige Hilfe gedankt.

und wissenschaftlich niemand mehr zusammendenken; dabei haben sie sich wechselseitig zwar nicht häufig, aber doch stets respektvoll zitiert, und gelegentlich gingen auch Briefe hin und her.[5]

Beispiele nur. Diese für mich immer wieder überraschenden Bezüge zeigen eines: Auch wenn Felix Dahns literarisches Werk sich nicht durch hohe Komplexität auszeichnet, so sind doch die literatur- und wissenschaftshistorischen, die ideengeschichtlichen, politischen und biographischen Voraussetzungen, aus denen es sich begreifen lässt, ausgesprochen vielschichtig und relativieren in vielfacher Hinsicht die gängigen literaturwissenschaftlichen, politischen und kulturhistorischen Sortierungen. Das ist es, was die Beschäftigung mit Dahns Werk reizvoll macht – umso mehr, als es sich um ein Werk von beträchtlicher Breitenwirkung handelt, das zu erforschen die Philologie seit den Zeiten Wilhelm Scherers, der den *Kampf um Rom* fürchterlich verrissen hat,[6] verschmähte.[7]

---

[5] Sechs Briefe Felix Dahns an Theodor Mommsen befinden sich in dessen Nachlass in der Staatsbibliothek zu Berlin Preußischer Kulturbesitz, ein Brief Theodor Mommsens vom 24. März 1865 hat sich in Felix Dahns Münchner Nachlass erhalten.

[6] Die 1876 in der Deutschen Rundschau erschienene Besprechung *Die Könige der Germanen im Roman* ist wiederabgedruckt in: Wilhelm Scherer: *Kleine Schriften zur neueren Litteratur, Kunst und Zeitgeschichte*. Hg. von Erich Schmidt. Berlin 1893, S. 39–42.

[7] Die literaturwissenschaftliche Forschung hat kaum je über *Ein Kampf um Rom* hinausgeblickt und sich vor allem um die politisch-ideologischen Wirkungen des Romans gekümmert; vgl. v. a. Kurt Frech: *Felix Dahn. Die Verbreitung völkischen Gedankenguts durch den historischen Roman*. In: *Handbuch zur »Völkischen Bewegung« 1871–1918*. Hg. von Uwe Puschner, Walter Schmitz und Justus H. Ulbricht. München u. a. 1996, S. 685–698; Hans Rudolf Wahl: *Die Religion des deutschen Nationalismus. Eine mentalitätsgeschichtliche Studie zur Literatur des Kaiserreichs: Felix Dahn, Ernst von Wildenbruch, Walter Flex*. Heidelberg 2002, S. 31–148; Stefan Neuhaus: *Literatur und nationale Einheit in Deutschland*. Tübingen – Basel 2002, S. 230–243. Zu den großen Desideraten der Forschung zählt eine gründliche wissenschaftshistorische Auseinandersetzung mit Dahns rechts- und kulturgeschichtlichen Monographien.

Das ist ohne weiteres begreiflich, denn wer sich mit Felix Dahns Werk wissenschaftlich beschäftigen will, lässt sich schon aufgrund von dessen gewaltigem Umfang auf ein mühsames Geschäft ein. Deshalb hat die Dahn-Forschung, wenn dieser Begriff überhaupt zulässig ist, sich bisher fast ausschließlich auf seinen berühmtesten Roman konzentriert: *Ein Kampf um Rom*, den Roman über den Untergang des Gotenreichs in Italien nach Theoderichs Tod in den Jahren von 526 bis 552, der den blutigen historischen Bilderbogen in Bücher gliedert, die die Namen Theoderichs und der auf ihn folgenden Gotenherrscher tragen: Athalarich, Amalaswintha, Theodahad, Witichis, Totila, Teja. *Ein Kampf um Rom* ist zum erfolgreichsten Longseller in der Geschichte der deutschen Literatur geworden. Der vierbändige Roman, entstanden in den Jahren 1858 bis 1876, ist seit seinem Erscheinen im Jahre 1876 kontinuierlich über sämtliche geschichtlichen Brüche hinweg mit nie abnehmendem Erfolg auf dem deutschen Buchmarkt präsent; die Gesamtauflage liegt bei weit über einer Million Exemplare, die jüngste Edition erschien 2009 bei DTV.[8]

Das vielfach übersetzte Buch, ein spannender geschichtlicher Reißer mit tapfersten Helden, dämonischen Machtweibern, schillerndsten Schurken, illusionslos-finsteren Strategen des Untergangs und engelsgleichen Gattinnen und Mädchen, hat einerseits in der Ideen- und Ideologiegeschichte des Nationalismus in Deutschland eine prominente Rolle gespielt und erscheint doch auf der anderen Seite

---

[8] Felix Dahn: *Ein Kampf um Rom*. Historischer Roman. Mit einem Essay von Hans-Rüdiger Schwab. 2. Auflage. München 2012; Schwabs Essay *Helden, hoffnungslos. Felix Dahns »Ein Kampf um Rom« als gründerzeitliche Schicksalstragödie*, ebd., S. 1065–1129 (mit Bibliographie), darf als die beste Analyse des Romans (auf der Grundlage des derzeitigen Forschungsstands) gelten.

wie das Laboratorium der Phantasywelten des modernen Kinos, aus dem das Arsenal der Helden und Schurken und die Szenarien von Sieg und Untergang emporgestiegen sind, die noch heute die Zuschauer von in historisierenden imaginären Welten spielenden Epen faszinieren; auch *Ein Kampf um Rom* ist bereits ein gnadenloses *Game of Thrones*. Schon 1913, ein Jahr nach dem Tode Dahns, erreichten die damit hoffnungslos überforderte Witwe Angebote von Lichtspiel-Produktionsfirmen, die ihr versprachen, die Verfilmung des Romans solle »das bedeutendste werden«, »was bis heute in den Lichtspiel-Theatern gezeigt werden konnte, besser noch als ›Quo vadis‹, das sich in kurzen Wochen die ganze Welt erobert hat.«[9] Dass diese Pläne rasch scheiterten, hat seinen Grund ausschließlich im Ausbruch des Ersten Weltkriegs. Erst ein halbes Jahrhundert nach dessen Ende ist es dann tatsächlich zur Verfilmung gekommen, und vielleicht ist die Pointe erlaubt, dass an dem Film alles bemerkenswert ist, nur dieser selbst nicht: Er entstand ausgerechnet im Jahr 1968; er ist das Werk eines bedeutenden jüdischen Produzenten: Artur Brauner; als Regisseur gewann Brauner einen Emigranten: Robert Siodmak; den Kaiser Justinian spielte eines der größten Genies der Filmgeschichte: Orson Welles – und das Resultat war einer der elendesten Sandalenfilme, für die jemals Zelluloid verschwendet worden ist. Das ändert nichts daran, dass die historische Bilderflut des Dahnschen Romans präcineastisch ist: von der Choreografie der Massen bis zur Ästhetik des Showdown.

    Innerhalb des schillernden Epochenphänomens Felix Dahn bildet dieser Roman nur eine Facette in einem histo-

---

[9] Bayerische Staatsbibliothek München, Handschriftenabteilung, Ana 580.

rischen Gesamtkomplex, den heute niemand mehr überblickt. Denn Dahns Werk ist uferlos; vorsichtige Schätzungen gelangen auf einen Gesamtumfang von 30.000 Druckseiten. Nicht aber der quantitative, sondern der qualitative Aspekt ist entscheidend. Nur die Hälfte des Werks gehört nämlich der Belletristik an: fünfzehn historische Romane, die thematisch zumeist in die Völkerwanderungszeit fallen, viele Erzählungen, zahllose Gedichte, Versepen, Dramen, Opernlibretti. Dahn hat virtuos den gesamten literarischen Markt bespielt, wobei zwar keines seiner Werke auch nur annähernd den Erfolg des *Kampfs um Rom* erreichte, der Autor jedoch mit so großem Geschick operierte, dass zwischen 1898 und 1924 immerhin drei Gesamtausgaben seiner poetischen Werke erschienen (diejenige von 1912 in 16 Bänden und in einer Auflage von 50.000 Exemplaren).[10]

Dem für sich schon gewaltigen belletristischen Werk Dahns steht ein nicht minder umfangreiches wissenschaftliches Werk gegenüber: Felix Dahn war einer der bekanntesten Rechtshistoriker, Juristen und Rechtsphilosophen seiner Zeit,[11] Professor zunächst in Würzburg, dann in Königsberg und Breslau; in Königsberg und Breslau war er auch mehrfach Rektor, was auf sein innerakademisches

---

10 Zur ersten bibliographischen Orientierung vgl. *Deutsches Schriftstellerlexikon. 1830–1880. Goedekes Grundriss der Geschichte der deutschen Dichtung – Fortführung*. Bearbeitet von Herbert Jacob. Bd. II.1. C-D. Berlin 1998, S. 160–182.

11 Zur Beurteilung Dahns in rechtshistorischer Perspektive vgl. Eugen Wohlhaupter: *Dichterjuristen*. Hg. von H. G. Seifert. Bd. III. Tübingen 1957, S. 285–343; Klaus-Peter Schroeder: *Felix Dahn – Rechtsgelehrter und Erfolgsautor*. In: NJW 39 (1986), S. 1234 f.; Dietmar Willoweit: *Felix Dahn (1834–1912)*. In: Jahrbuch der Albertus-Universität zu Königsberg/Pr. 29 (1994). Berlin 1995, S. 349–357. Leider trifft Schroeders Urteil nach wie vor zu: »Eine von Vorurteilen befreite Untersuchung über seine Rolle in der Gesellschaft, in der Wissenschaft und in der Literatur steht bis heute aus« (S. 1235).

Ansehen verweist[12] – aber auch auf das außerakademische Ansehen des Juristen, für das ich hier nur ein Beispiel geben will: In einem im Nachlass erhaltenen Brief vom 12. Juni 1902 bittet Maximilian Harden Dahn um eine »staatsrechtlich=politische Darstellung der Bedingungen«, »die den Buren in der Kapitulation von Pretoria bewilligt worden sind«, für seine Wochenschrift *Die Zukunft*.[13] Dahn war einer der besten Kenner der germanischen Rechtsgeschichte, der Geschichte der Völkerwanderungszeit und der byzantinischen Geschichte; seine große Monographie über den byzantinischen Historiker Prokopios von Caesarea, dessen Buch über die Gotenkriege ihm die Anregung für den *Kampf um Rom* geliefert hatte, ist ein Standardwerk der Forschung geblieben;[14] sein Hauptwerk, an dem er über vier Jahrzehnte arbeitete, ist eine zwölf Bände umfassende Geschichte der *Könige der Germanen* in rechts- und institutionengeschichtlicher Perspektive, aus der sich bis heute die mediävistische Forschung bedient; daneben erschien eine mehrere tausend Seiten umfassende Geschichte der romanischen und germanischen Völker bis zum Tode Karls des Großen, und von 1879 bis 1884 kam eine sechsbändige Sammlung der wissenschaftlichen Abhandlungen Dahns

---

[12] In Dahns Münchner Nachlass finden sich zahllose Glückwunschschreiben und -telegramme zu Dahns runden Geburtstagen, aber auch zu akademischen Anlässen wie seinem 50. Doktorjubiläum von allen führenden Juristischen Fakultäten Deutschlands und von vielen Juristischen Fakultäten des europäischen Auslands.

[13] Bayerische Staatsbibliothek München, Handschriftenabteilung, Ana 580.

[14] Das Hauptziel von Dahns Prokop-Monographie bestand in dem philologischen Nachweis, dass Prokop tatsächlich der Autor der *Anekdota*, der wütenden politisch-moralischen Abrechnung mit Justinian und seiner Gattin Theodora, ist; diese Zuschreibung ist heute unumstritten. Zum Forschungsstand vgl. den Apparat zu Prokop: *Anekdota. Geheimgeschichte des Kaiserhofs von Byzanz*. Griechisch-deutsch. Übersetzt und hg. von Otto Veh. Mit Erläuterungen, einer Einführung und Literaturhinweisen von Mischa Meier und Hartmut Leppin. Düsseldorf–Zürich 2005.

unter dem schönen Titel *Bausteine* heraus. In seinem wissenschaftlichen Werk arbeitete Dahn im Sinne der methodischen Ansprüche des Historismus strikt quellenbezogen, wobei ihm seine eminente sprachliche Begabung sehr zu Hilfe kam; jede Vermengung von historischer Forschung und poetischer Imagination hat er strikt abgelehnt, was sich exemplarisch daran erkennen lässt, dass die Geschichte vom Untergang des Gotenreichs in Italien in *Ein Kampf um Rom* ganz anders erzählt wird als in dem parallel dazu entstandenen 2. und 3. Band der *Könige der Germanen*. Das wissenschaftliche Ethos und die Arbeitsleistung, die Dahns Forschungen zugrunde liegen, sind beeindruckend. Nimmt man das literarische Werk hinzu, das er, wie er immer wieder versicherte, nur an Sonn- und Feiertagen und in den Ferien zur Erholung schrieb, dann fragt man sich, ob Dahn jemals die Zeit gefunden hat, ein Leben jenseits des Schreibtischs zu führen. Die erstaunliche Antwort: Zeit genug, um so viel zu erleben, dass er damit fünf Bände *Erinnerungen* füllen konnte.

Eine Beschäftigung mit diesem Werk lohnt sich dann, wenn es gelingt, Felix Dahn auf der Basis seines Gesamtwerks als eine historisch repräsentative Gestalt für das deutsche Bürgertum im 19. Jahrhundert kenntlich und sichtbar werden zu lassen, wodurch auch sein überwältigender Erfolg plausibel erklärbar würde. Dahn eignet sich nicht nur deshalb hervorragend für eine solche Studie, weil er auf eine für das 19. Jahrhundert nicht untypische Weise zugleich den Systemen der Wissenschaft und der Kunst bei (zumindest programmatisch) strikter Wahrung von deren Grenzen angehörte, sondern weil er überdies künstlerisch-kulturell, wissenschaftlich und politisch hervorragend vernetzt war. Er war der älteste Sohn eines berühmten Münchner Schauspielerehepaars, in dessen Haus nicht nur führende Autoren, Theaterleute und Maler der Zeit ein- und ausgingen, sondern auch König Ludwig I. oft zu Gast war;[15] so bildete er bereits im Elternhaus jenen Sinn für Theatralik und die Gestaltung von Tableaus aus, der nicht nur die Ästhetik seiner Romane prägte, sondern der für die gesamte Repräsentationskultur der Gründerzeit bestimmend war. Schon früh sicherte er sich durch eine gezielte Widmungspolitik die Protektion von Dichtern der älteren Generation und von führenden Wissenschaftlern der Zeit; wie er sein erstes dichterisches Werk, *Harald und Theano*, Friedrich Rückert widmete, so den ersten Band der *Könige der Germanen* Jacob Grimm.

Und so wie der hochbegabte junge Gelehrte in den liberal-antiklerikalen Kreisen der Münchner Wissenschaft und Kunst rasch Karriere machte, so baute er in seinen späteren Jahren die politischen Verbindungen, über die er schon in seiner Münchner Zeit aufgrund der künstlerischen Prominenz seiner Eltern verfügte, Schritt für Schritt aus: Audienzen bei Ludwig II., der ihm auch bei der Scheidung seiner ersten Ehe behilflich war, beim preußischen Kronprinzen Friedrich, der beim Tod Kaiser Wilhelms das Brandenburger Tor mit einem von Dahn geprägten Motto schmücken ließ, bei Bismarck nach dessen Entlassung bezeichnen Höhepunkte seines Lebens. Die Entwicklung seines politischen Denkens repräsentiert geradezu idealtypisch die politische Geschichte des deutschen Bürgertums im 19. Jahrhundert: Erzogen im Geiste des politischen Liberalismus

---

15 Zu den familien- und theatergeschichtlichen Zusammenhängen vgl. Rolf Grashey: *Die Familie Dahn und das Münchner Hofschauspiel (1833–1899). Ein Kapitel Münchner Theatergeschichte*. Leipzig 1932.

der Vormärzzeit, wurde Dahn nach 1848 zu einem entschiedenen Vertreter des Nationalliberalismus mit dem Ziel einer großdeutschen Lösung, vollzog dann aber nach 1866 den Schwenk hin zu einer preußenfreundlichen und ab 1870 zu einer preußenbegeisterten Haltung und war, in unbedingter Bismarcktreue, schließlich einer der führenden Propagandisten der kleindeutschen Reichsgründung, für den die Schlacht von Sedan das größte Ereignis seines Daseins bildete – eine Haltung, die sich in späteren Jahren mit einem aggressiven Nationalismus verband, der vor rhetorischen Drohgebärden vor allem in Richtung Frankreich und Osteuropa nie zurückscheute. Ideengeschichtlich wurde diese Entwicklung unterfüttert einerseits durch Dahns radikale Ablehnung des Christentums seit seiner Jugendzeit – sein 1877, also gleich nach dem Erscheinen des *Kampf um Rom*, begonnener und 1893 abgeschlossener Roman *Julian der Abtrünnige* bildet sein nach philosophischem Anspruch und Umfang ehrgeizigstes erzählerisches Werk neben dem Gotenroman – und andererseits durch seine Begeisterung für die Lehren Charles Darwins, zu dessen frühesten literarischen Rezipienten in Deutschland er gehörte.

Es sind dies nur einige Elemente der politisch-kulturellen Konfiguration, die zu erkennen geben, in welchem Maße Felix Dahn, der heute allenfalls als Randfigur der deutschen Literatur gilt, eine repräsentative Gestalt der Epoche von wissenschaftlich, literarisch und politisch-ideologisch prägender Kraft war. In der Perspektive einer Epochenphysiognomie von besonderem Interesse sind die inneren Brüche seiner Gestalt wie seiner Gestalten, die überhaupt erst begreiflich machen, weshalb ein Werk wie *Ein Kampf um Rom* jenseits seiner ideologischen Programmatik eine solche Faszination hat ausüben können. Der Idolatrie des Heldentums in Dahns Werken entspricht nämlich auf der anderen Seite ein ausgeprägter Sinn des Autors für den weichen Kern seiner komplexesten Figuren, für seelische Verschattungen und für die innere Gebrochenheit seiner Helden. Dahn erzählt in den *Erinnerungen* eben nicht nur von den kindlichen Allmachtsphantasien des Knaben, die sich in brutalen Ritterspielen – dem infantilen Vorspiel zu den blutigen Kämpfen in seinen Romanen – austobten, sondern er bekennt sich dort auch zu seiner Disposition für Depressionen, zu tiefer seelischer Unsicherheit, zur Melancholie und zu Selbstzweifeln, die nur durch ein rigoroses Arbeitsethos – seine Form des praktischen Heroismus – bewältigt werden konnten. Der weiche Kern des Heroismus, das Inferioritätsempfinden, das durch Aggressivität kompensiert wird, das Gefühl der Schwäche und der Ohnmacht, das durch die Theatralisierung der Geschichte verdeckt werden soll (und doch in geradezu überwältigenden Ausbrüchen von Sentimentalität Ausdruck findet): all dies gehört nicht nur zur Psychostruktur des Dahnschen Werks, sondern es gehört unabdingbar zum Charakter der gesamten Epoche. So wie schon dem »Eisernen Kanzler« gern ein weicher Kern attestiert wurde, so verbarg sich hinter dem Triumphalismus der Gründerzeit ein tiefes Minderwertigkeitsgefühl und hinter der Theatralisierung der Politik im Wilhelminismus ein Gefühl der Schwäche, das jederzeit in Aggressivität umgemünzt werden konnte. Dahns Feier des Heroismus entspricht eine tiefe Lust am Untergang; vom Gefühl der seelischen Kraftlosigkeit, der Sorge, den eigenen Ansprüchen und denen der Geschichte nicht genügen zu können, dem Bewusstsein einer fundamentalen Insuffizienz sprechen die psychischen Verdüsterungen seiner Helden. Auch Dahns Sexualisierung der Geschichte, die den Kampf gegen den Feind immer zugleich einen Kampf ums »Weib« sein lässt, gehört zur Signatur der Epoche.

Vielleicht reicht dies zur Begründung, weshalb man sich für das Werk Felix Dahns interessieren kann, erst einmal hin. Ich wähle im Folgenden angesichts der uferlosen Materialfülle verschiedene Zugänge zu Werk und Gestalt von höchst heterogener Art: Der erste, »Der Griff zum Gewehr«, unternimmt den Versuch, den Zusammenhang von Leben und Werk aus einer einzigen Geste heraus zu begreifen, die eine grundlegende Zäsur in Dahns Leben und Werk bezeichnet und mit ihr zugleich eine Zäsur in der deutschen Geschichte; der zweite, »Wir sind Helden«, nimmt anhand des *Kampfs um Rom* Dahns Heroismuskonzept in den Blick; der dritte, »Tod und Verklärung«, analysiert Dahns Geschichtsverständnis am Beispiel einer seiner faszinierendsten Figuren, des Präfekten Cethegus, und eines fundamentalen Konzeptionswandels in der letzten Phase der Arbeit an dem berühmten Roman. Am Ende steht ein Ausblick auf Felix Dahns Widmungspolitik, der Dahns wissenschaftliche und literarische Ambitionen in karrierestrategischer Perspektive und im Hinblick auf seine literarhistorische Positionsbestimmung beleuchtet.

Der Griff zum Gewehr

Am 1. September 1870 gegen 15 Uhr verlor der Professor die Selbstkontrolle und griff zum Gewehr. Dabei musste ihm doch klar sein, dass er in der Situation, in der er sich befand, nichts Falscheres tun konnte als dies. Denn er stand inmitten eines Schlachtfeldes und trug einen Zivilanzug, an dessen linkem Ärmel eine Binde mit dem rotem Kreuz befestigt war, deren Träger nach der sechs Jahre zuvor beschlossenen Genfer Konvention »für neutral erklärt« und damit »mitten im wildesten Kriegsgetümmel unverletzlich« war.¹⁶ So steht es in dem wenige Wochen zuvor erschienenen Büchlein *Das Kriegsrecht. Kurze volksthümliche Darstellung für Jedermann zumal für die deutschen Soldaten*, das viele der um ihn stürmenden Infanteristen im Tornister trugen und dessen Verfasser der Professor selbst war. Als er einem Verwundeten dessen Gewehr abgenommen hatte und sich nun eine »Hand voller Patronen« griff, fiel sein Blick plötzlich auf die Binde; er riss sie rasch herunter, steckte sie in die Brusttasche und stürmte mit einer »Jägertruppe« los.¹⁷ Gegen 17 Uhr kapitulierte der Feind; die gewaltige Schlacht, die gegen 9 Uhr begonnen hatte, war zu Ende. Noch am Abend desselben Tages schrieb der Professor mit Bleistift eine »Feldpost-Correspondenzkarte« an seinen engsten Freund, den Verwaltungsjuristen Julius von Freyberg, nach Kempten: »Schlachtfeld von Sedan, 1. Sept. Lieber Julius, seit heute morgen 10 Uhr bis Abends 5 Uhr wohne ich der großen Deutschen Siegesschlacht an: ich stehe in der Würzburger Artillerie, zwei Granaten platzten vor und hinter mir; ich bin unverletzt. Ein Artillerist 20 Schritt neben mir erschoßen. Eben verkündet man: Kaiser,

---

16 Felix Dahn: *Das Kriegsrecht*. In: *Bausteine. Gesammelte kleine Schriften*. 5. Reihe: Erste Schicht. *Völkerrechtliche und statsrechtliche Studien*. Berlin 1884, S. 1–44, hier S. 11.

17 Felix Dahn: *Aus den Tagen von Sedan*. In: *Bausteine. Gesammelte kleine Schriften*. 3. Reihe. Berlin 1882, S. 375–388, hier S. 382 f. Der Text entstand im Juli 1872; er bildet die dort vielfach erweiterte und ausgeschmückte Grundlage für Dahns Darstellung der Schlacht von Sedan in den *Erinnerungen*, Bd. 4.1, S. 460–552, hier S. 501. In beiden Drucken wird die Szene mit der Fußnote kommentiert: »Die Franzosen achteten das rothe Kreuz auch oft außer Gefechts wenig, geschweige mitten im Kampf.«

Sedan, 50,000 Franzosen, 100 Kanonen, 9 Adler in deutschen Händen. Auf Wiedersehn! Dein F. Deinen Bruder sprach ich wiederholt, er ist wohl.«[18]

Der damals 36 Jahre alte ordentliche Professor der Rechte an der Universität Würzburg Felix Dahn hatte sechs Wochen zuvor, am 18. Juli 1870, einen Tag vor der offiziellen Kriegserklärung Frankreichs gegen Preußen, einen kurzen Brief an seinen Freund geschrieben, den er ausdrücklich einen »Abschiedsbrief« nannte und in dem er Freyberg mit der Mitteilung überraschte: »Eventuell biete ich meine Dienste Preußen an: jedenfalls mache ich den Feldzug in irgend einer Form mit. Es ist meine Pflicht, mich für Deutschland zu opfern.« Es folgt anstelle einer Grußformel die Wendung: »Hochauf athmend.«[19] Es ist, als habe die Nachricht vom Kriegsausbruch einen gewaltigen inneren Druck von Dahn genommen, und dies ist keineswegs allein damit zu erklären, dass sich der patriotische Opferwille eines Bürgers und Beamten des Königreichs Bayern endlich Bahn brechen konnte – und sei es im Dienste Preußens. Tatsächlich befreite der Ausbruch des Krieges den in einer tiefen Lebenskrise steckenden Dahn aus einem hochkomplexen Geflecht von persönlichen und politischen, wissenschaftlichen und literarischen Problemen, in das er seit Jahren verstrickt war und aus dem er sich eigenständig nicht mehr zu befreien vermochte. In dieser Situation kündigte sich der Krieg für ihn an wie ein säkulares Gottesurteil, das endlich über sein Schicksal entscheiden sollte – kein Wunder also, dass er, der sich mit Gottesurteilen auskannte, denn er hatte sich 1857 im Alter von 23 Jahren in München

---

[18] Bayerische Staatsbibliothek München, Handschriftenabteilung, Ana 580.
[19] Bayerische Staatsbibliothek München, Handschriftenabteilung, Ana 580.

mit *Studien zur Geschichte der germanischen Gottes-Urtheile* habilitiert, endlich hoch aufzuatmen vermochte. So bezeichnen der Griff zum Gewehr auf dem Schlachtfeld von Sedan und der Sieg des deutschen Heeres einen fundamentalen Wendepunkt im Leben des Felix Dahn; er fällt zusammen mit einem entscheidenden Wendepunkt der jüngeren deutschen Geschichte.

Felix Dahn hat in einem im Juli 1872 entstandenen Aufsatz *Aus den Tagen von Sedan* als »Augenzeuge der Geschehnisse«[20] über seine Erlebnisse auf dem Schlachtfeld berichtet und schon hier die Kategorie des Gottesurteils bemüht: »Mich aber erfüllte, abgesehen von der Pflicht, zu helfen, die das rothe Kreuz auferlegt, unablässig der heiße Drang, eine Schlacht in nächster Nähe zu schauen und der unwiderstehliche Trieb, für das Vaterland wie in einem Gottesurtheil das Leben in unmittelbarster Gefahr einzusetzen.«[21] Gottesurteil worüber? Jedenfalls nicht über die Geschicke des Vaterlands, denn als Rechtshistoriker wusste Dahn genau, dass für die Zukunft des Vaterlands vom Leben oder Sterben eines Sanitäters nichts abhängen konnte. So konnte es ein Gottesurteil nur über das eigene Leben sein, das Dahn gegen alle Widerstände ins Zentrum des Kampfgeschehens geführt hatte: »ich wollte dabei sein – um jeden Preis!«[22] Um den Preis also auch des eigenen Lebens. Erst der Anspruch, sich einem Gottesurteil zu stellen, zwang Dahn das Gewehr in die Hand, denn ein Gottesurteil konnte nicht ein Querschläger, der zufällig einen Sanitäter traf, fällen, es konnte nur im Kampf zwischen gleich-

---

20 Dahn: *Aus den Tagen von Sedan*, S. 375.
21 Ebd., S. 380.
22 Ebd., S. 381.

rangigen Gegnern ausgefochten werden. Der Griff zum Gewehr gewährleistete, dass er, unabhängig davon, ob er je einen Schuss daraus abfeuerte (darüber sagt Dahn bezeichnenderweise nichts), »hochauf athmend« Anspruch darauf erheben durfte, dass mit dem Sieg auch ein positives Urteil über sein künftiges Leben gefällt worden war.

Der Leser des 1872 entstandenen Berichts konnte ihm freilich allenfalls entnehmen, Dahn sei durch eine Mischung von Patriotismus und Abenteuerlust in die Schlacht getrieben worden; die in ihn eingespielte Semantik des Gottesurteils blieb damit unverständlich. Ganz anders stellt sich die Situation in dem 1894, also nahezu ein Vierteljahrhundert nach der Schlacht, erschienenen 4. Band von Dahns *Erinnerungen* dar, auch wenn sich der Autor im Falle der Schlachtbeschreibung weitgehend auf den Bericht des Jahres 1872 stützt. Er bettet sie aber ein in die erstaunlich freimütige Darstellung einer lebensgeschichtlichen Krisensituation, in der sich so viele Problemsphären überlagerten, dass der Kriegsausbruch wie eine von Gott gesandte Lösung erscheinen musste. Jedenfalls schrieb Dahn bereits am 19. Juli, dem Tag des Kriegsausbruchs, ein kurzes Gedicht, dem er den Titel *Die Lösung* gab:

> Schlägt Verzweiflung wild die Fäuste
>   An des Himmels ehrnes Thor, -
> Manchmal thut sich's auf mit Krachen
>   Und ein Wunder blitzt hervor.
> Endlich schickt dir Gott die Lösung,
>   Gränzenlos gemartert Herz:
> Gottes Donner kracht in Frankreich
>   Und sein Blitz heilt jeden Schmerz.[23]

---

23 Dahn: *Erinnerungen*, Bd. 4.1, S. 222.

In dem Problemgeflecht, das Dahn im Jahre 1870 seinem eigenen Zeugnis zufolge »bis an den alleräußersten, harscharfen Rand des inneren und des äußeren Untergangs« gedrängt und ihn »dem Wahnsinn und andern alleräußersten Dingen sehr, sehr nahe« gebracht hatte,[24] lassen sich vier Konfliktfelder unterscheiden: ein privates, ein literarisches, ein wissenschaftliches und ein politisches, und jedes von ihnen verlangte nach grundlegenden Entscheidungen. In den *Erinnerungen* steht die private Dimension im Vordergrund: das Drama seiner Ehe.

Felix Dahn war seit 1858 mit der aus vermögendem Münchner Hause stammenden Malerin Sophie Fries verheiratet; er erwähnt die Namen seiner ersten Frau und seines aus der Ehe hervorgegangenen Sohnes an keiner Stelle seiner 3200 Druckseiten umfassenden *Erinnerungen*. Im Sommer 1867 lernte der damals 33 Jahre alte Juraprofessor die 22jährige Therese von Droste-Hülshoff kennen und verliebte sich rasch in sie. Da die ebenfalls in Würzburg lebende Therese die Leidenschaft Dahns erwiderte, war die Katastrophe seiner Ehe vorgezeichnet. Die Situation war ausweglos aus drei Gründen: einmal aufgrund der sozialen Stellung des jungen Professors, den, äußerlich Protestant, innerlich Atheist, der Skandal einer Ehescheidung im katholischen Bayern, wie immer sie auch zu erreichen gewesen wäre, um alle weiteren Karrierechancen gebracht hätte und dessen Lage in Würzburg unhaltbar geworden wäre, zum anderen, weil Sophie Dahn sich der Scheidung widersetzte, zum dritten schließlich, weil sich die streng katholische Familie Droste-Hülshoff erbittert allen Plänen einer Verbindung Thereses mit Dahn in den Weg stellte;

---

24 Ebd., S. 201.

noch 1873 spielte, wie aus einem Brief Dahns an Therese aus diesem Jahr hervorgeht, ihre Mutter mit dem Gedanken, die Eheschließung ihrer Tochter mit Dahn dadurch zu verhindern, dass man sie für geistesgestört und somit juristisch für unzurechnungsfähig erklären wollte.[25] Wie dramatisch sich die Situation gerade im unmittelbaren zeitlichen Vorfeld des Kriegsausbruchs zugespitzt hatte, zeigt ein in der Bayerischen Staatsbibliothek im Dahn-Nachlass aufbewahrter Brief des Dichters Josef Victor Scheffel, eines langjährigen Freundes von Dahn, an Sophie Dahn vom 9. Juni 1870, mit dem er auf deren von Gerüchten über Duellforderungen zwischen ihren Brüdern oder Vettern und Dahn ausgelöste Ängste beruhigend zu reagieren versuchte.[26]

Dahns Situation war tatsächlich untragbar geworden, dies umso mehr, als ihm bewusst war, dass die Schuld für das Zerbrechen seiner Ehe ausschließlich bei ihm selbst lag,[27] und man voraussetzen darf, dass seine Liaison längst zum Stadtgespräch geworden war. Dass ihm die »zwingenden Gründe, die jeden Versuch einer Lösung des tragisch verstrickten Knotens ausschlossen«, klar vor Augen standen, versetzte ihn in eine tiefe Depression: »Aber damals verzweifelte ich ganz und gar: an meinem Werth, an meiner Kraft und nun vollends an meinem Glück, an meiner Zukunft! Es gab ja keine Zukunft mehr für mich!«[28] Erst dies erklärt die Euphorie, mit der er auf den Kriegsausbruch reagierte: Der »tragisch verstrickte Knoten«, der sich nicht mehr lösen ließ, wurde plötzlich von einer höheren Gewalt

[25] Bayerische Staatsbibliothek München, Handschriftenabteilung, Ana 580.
[26] Ebd.
[27] Dahn gesteht »alle Schuld« auch in seinen *Erinnerungen* ohne Abstriche ein: Bd. 4.1, S. 202.
[28] Ebd., S. 207.

zerschlagen. Deshalb bedeutete der Krieg für Dahn auch nicht die Lösung eines Konflikts, sondern die Erlösung von einem Konflikt: »Da brach im Juli der Krieg aus: er hat mich gerettet.«[29] Und deshalb waren auch die Bekenntnisse zum Heroismus und zum Patriotismus, die der Kriegsausbruch reflexhaft bei ihm auslöste, kaum mehr als ideologische Epiphänomene zu dem fundamentalen Erlösungsverlangen, das ihn mit aller Gewalt aufs Schlachtfeld trieb: zu einer Todesbereitschaft, die ihm sämtliche Probleme, in die er verstrickt war, vom Halse schaffen sollte: »Es trug mich wie auf Adlerflügeln empor!«[30]

Nichts hat deshalb in der Situation des Kriegsausbruchs Dahn in größere Panik versetzen können als die Vorstellung, nicht einberufen und so um seine Erlösung gebracht zu werden. Als sowohl der bayerische als auch der preußische Kriegsminister seine Einberufung abgelehnt hatten, meldete er sich unverzüglich zum Sanitätsdienst, und danach war sein ganzes Bestreben darauf gerichtet, so tief wie möglich ins Kampfgeschehen vordringen zu können. Nur auf diese Weise ließ sich auf dem Schlachtfeld von Sedan die seelenlähmende Erfahrung, passiv einem unlösbaren Konflikt preisgegeben zu sein, auslöschen durch jene seelische Befreiung, die ihm die aktive Preisgabe an den Tod gewährte: »Wie ich näher und näher dem feindlichen Feuer kam, wie die ersten Granaten hoch ob meinem Haupte platzten und die Stücke um mich her verstreuten, schrie ich laut auf vor Freude, vor einer Art von Wollust, nahm den Hut ab und rannte, was ich rennen konnte noch rascher vorwärts, ›hinein!‹«[31] Es war Dahn vollkommen bewusst,

---

29 Ebd., S. 209.
30 Ebd., S. 221.

dass das »nie gekannte Entzücken«, das die als äußerste Lebensbefreiung erfahrene Todesgefahr bei ihm auslöste, nichts mit Patriotismus zu tun hatte, denn er suchte ja die Todesgefahr um ihrer selbst willen, und schon gar nichts mit echtem Heroismus, denn er fügte sich nicht in ein militärisches Kampfgeschehen ein: »Diese Stunden der äußersten Gefahr in solcher Sache sind – nahezu! – die glücklichsten, die begeistertsten meines Lebens gewesen. War es doch – statt *wirklichem* Heldenthums des Kämpfers – wenigstens das nächst beste Ersatzmittel: *das Aufsuchen der höchsten Gefahr* ohne Möglichkeit des Widerstands.«[32] Das Heldentum des Professors war nur ein Surrogat, die ästhetische Pose eines Mannes, der auf dem Schlachtfeld seiner Ehe nicht nur keinen Sieg, sondern nicht einmal eine Niederlage zu erkämpfen vermochte. Dahns Heroismus war eine Rolle, die er in einem weltgeschichtlichen Drama einnahm, um ein privates Drama einer Lösung zuführen zu können; wie gut so etwas funktionieren konnte, wusste er, der Sohn des Münchner Hofschauspielers und Regisseurs Rudolf Dahn und der gefeierten Hofschauspielerin Konstanze Dahn, aus dem klassischen Drama, zum Beispiel Schillers *Wallenstein*, wie aus der großen Oper Giacomo Meyerbeers, deren virtuose Verschränkung des privaten mit dem politischen Konflikt er schon als Schüler am Beispiel der *Hugenotten* hatte studieren können, die im katholischen München allerdings nach London verlegt und unter dem Titel *Die Anglikaner und die Puritaner* aufgeführt worden waren.[33]

31 Ebd., S. 466.
32 Ebd., S. 467.
33 Dahn: *Erinnerungen*, Bd. 1, S. 180 f. Zu Dahns Schiller-Verehrung vgl. ebd., S. 84 f.: »unter allen je mir bekannt gewordnen Dichtern mir am meisten artverwandt«.

Der Rollenwechsel, der ihn, den seit Kindheitstagen seelisch Gefährdeten, in einen Helden verwandelte, bewährte sich tatsächlich: In der Absolutheit der äußersten Gefahr, des zum Augenblick geronnenen Ausnahmezustands, gelang die Auslöschung des auf Dauer gestellten Ausnahmezustands, zu dem sein Leben geworden war, und jetzt bedurfte es allein noch der symbolischen Repräsentation des Gottesurteils. Dahn geriet plötzlich in heftiges Gewehrfeuer, dann wurde er getroffen: »Ich sah noch, daß ich auf etwas Rothes stürzte: ich glaubte fest, es sei nun zu Ende. - - Und es war mir recht so. - -«[34] Natürlich musste ihm dies recht sein, denn es war ja nun wirklich mit allem »zu Ende«, was ihn bisher belastet hatte. Was immer ihn dort getroffen haben mag, ob eine »matte Kugel« oder »ein abgeprallter Stein«, wie der 1872 geschriebene Bericht vermutet,[35] oder gar »ein matter Granatsplitter«, wie die *Erinnerungen* meinen, der Professor erhob sich nach wenigen Augenblicken als ein Wiedergeborener, auf den ein neues Leben wartete. »Ich hatte erreicht, was ich gesucht, die äußerste Gefahr.«[36]

Die äußerste Gefahr gebiert neues Leben: wie im Falle Dahns aus entschieden privaten Motiven so im Falle Deutschlands insgesamt aus politisch-militärischen Gründen. Das Private als Primärmotivation zur Teilnahme an der Schlacht löst sich in Dahns Darstellung, je weiter sie voranschreitet, umso stärker in deren politischer Bedeutung auf; die private und die politische Bedeutungsebene verschmelzen, und dies ist ein Zeichen dafür, dass sich die Einnahme

---

34 Dahn: *Erinnerungen*, Bd. 4.1, S. 507.
35 Dahn: *Aus den Tagen von Sedan*, S. 385.
36 Dahn: *Erinnerungen*, Bd. 4.1, S. 507.

der heroischen Pose bewährt hatte, denn sie sollte den privaten Konflikt zum Verschwinden bringen. Mit äußerster Konsequenz stellt Dahn deshalb in seinen Erinnerungen an die Schlacht die Parallele zwischen seiner Erlösung durch ein säkulares Gottesurteil und der Wiedergeburt des Deutschen Reiches her: Nur wenige Minuten nach seiner Auferstehung aus dem Graben, in den ihn der leichte Treffer versenkt hatte, habe er durchs Fernrohr über der Bastion von Sedan die erste weiße Fahne erblickt, und sofort darauf sei das Feuer eingestellt worden: »Ich war – vielleicht – der erste Deutsche, der diese weltgeschichtliche weiße Fahne auf dem Wall von Sedan sah«[37] – eine wahrhaft kühne Behauptung, die sich erst 1894 in den *Erinnerungen*, begreiflicherweise aber noch nicht in dem Augenzeugenbericht des Jahres 1872 findet und nur aus der schriftstellerischen Anstrengung zu erklären ist, die Erneuerung des eigenen Lebens vollständig mit der Erneuerung Deutschlands zur Deckung zu bringen. »Hochauf athmend«: die militärischen Voraussetzungen für die Ausrufung eines neuen deutschen Kaiserreichs waren geschaffen, und das Leben Felix Dahns konnte in neue Bahnen treten. Schon im Mai 1872 wurde der bayerische Professor im neuen Reich vom Preußischen Kultusminister als Professor nach Königsberg berufen, und damit waren zugleich die Voraussetzungen für die Scheidung seiner Ehe gegeben; er heiratete Therese von Droste-Hülshoff im Herbst 1873 und führte fortan vierzig Jahre lang in Preußen mit ihr eine glückliche Ehe. Kein Wunder also, dass der Autobiograph des Jahres 1894 in seinem Bericht über den Griff zum Gewehr auf dem Schlachtfeld von Sedan, der den entschei-

---

37 Ebd., S. 510.

denden Wendepunkt in seinem Leben bezeichnet, am Begriff des Gottesurteils festhielt, obwohl es für ihn außerhalb der Poesie keine Götter gab. Nach seiner Wiedergeburt in der Schlacht von Sedan aber gab es für ihn immerhin zwei Männer, deren politisches und militärisches Genie er vergötterte, weil sie den Krieg politisch so geplant und die Schlacht strategisch so gelenkt hatten, dass Dahns Leben nach dem Sieg ein neues war: Bismarck und Moltke. Die Verehrung, die er Bismarck und Moltke von 1870 bis an sein Lebensende darbrachte, war absolut und musste dies sein, weil sie ohne sein Zutun derart positiv über sein Leben entschieden hatten, wie dies im religiösen Empfinden nur Göttern zukam.

Vor der Schlacht dagegen war Dahns Bild von Preußen insgesamt und von Bismarck insbesondere alles andere als positiv gewesen. Der Griff zum Gewehr auf dem Schlachtfeld von Sedan bezeichnet deshalb nicht nur einen lebensgeschichtlich-privaten, sondern zugleich einen politischen Wendepunkt im Leben des Felix Dahn. Denn zu der Seelenlähmung des jungen Gelehrten im Vorfeld des deutsch-französischen Krieges trug auch eine politische Orientierungskrise bei, die spätestens mit dem Sieg Preußens im preußisch-österreichischen Krieg 1866 zum Ausbruch gekommen war. Der junge Dahn war, wie weite Teile des deutschen Bürgertums vor und nach 1848, ein Liberaler, der sich eine Verfassung wünschte, die die Freiheitssphäre des Einzelnen sicherte, insbesondere Meinungs- und Pressefreiheit, das Recht der freien Vereinigung und des individuellen Eigentums und die Gleichheit aller vor dem Gesetz, und an diesen Grundelementen des politischen Liberalismus hat Dahn auch als Jurist bis an sein Lebensende festgehalten. Das Bündnis, das der deutsche Liberalismus schon vor 1848 mit Romantik und Historismus als prägenden geistigen Strömungen der Zeit eingegangen war,[38] musste dessen Attraktivität für den jungen Rechtshistoriker und Dichter zusätzlich steigern. Denn die Selbstverständlichkeit, mit der für ihn (wie wiederum für weite Teile des deutschen Bürgertums) Liberalismus und Nationalismus eine Einheit bildeten, hatte in dieser Ideenverbindung ihren Ursprung; einerseits konnte so das Fehlen eines deutschen Gesamtstaats durch die (auch wissenschaftliche) Orientierung an Sprache, Kultur und Geschichte der Volksnation kompensiert werden,[39] andererseits ergab sich aus der »Nationalisierung des konstitutionellen und demokratischen Liberalismus«[40] die Gewissheit, dass Freiheit nur durch staatliche Einheit gewährleistet werden konnte, woraus sich notwendig die Forderung nach einem deutschen Nationalstaat ableitete.

Eine staatliche Einigung Deutschlands konnte Dahn sich aber, wie die meisten Süddeutschen, nur in Form einer »großdeutschen Lösung« vorstellen, also unter Einschluss Österreichs, und so vertrat er, wiederum in Übereinstimmung mit der großen Mehrheit der Bürger der süddeutschen Staaten, eine entschieden antiborussische Position, zumal nach den politischen Schritten gegen Österreich, die Bismarck seit 1863 unternahm. Für den liberalen Juristen Dahn war Bismarck ohnehin seit 1862, als er sich bei dem Konflikt um die Finanzierung der Neuorganisation des Heeres über das Budgetrecht des Abgeordnetenhauses hin-

---

38 Thomas Nipperdey: *Deutsche Geschichte. 1800–1866. Bürgerwelt und starker Staat*. München 2013, S. 290.
39 Ebd., S. 303.
40 Ebd., S. 308.

weggesetzt hatte, eine politische bête noir, die kühl mit dem Verfassungsbruch operierte. Schon in den Begründungen Preußens für den deutsch-dänischen Krieg hatte er in »genauer Kenntniß der Rechtslage«[41] nur eine Politik des kalkulierten »Rechtsbruchs« sehen können: »So lebhaft mich die Siege der preußischen und österreichischen Waffen mit freudigem Stolz erfüllten, die nun folgenden Jahre des Kampfes Bismarcks mit der preußischen Volksvertretung, wobei es ohne Verfassungsverletzung nicht abging, und das für Uneingeweihte nicht durchschaubare Gewirre der Schachzüge bismarckischer Statskunst gegen den Bund, für und gegen Oesterreich, gegen das Ausland, konnten mich für den ›Zwingherrn der Preußen‹ nicht begeistern.«[42]

Dass dies der preußisch-österreichische Krieg im Jahre 1866 erst recht nicht konnte, lag auf der Hand. Er exekutierte den Deutschen Bund von 1815 als politisch zwar schwaches, aber immerhin symbolisch einigendes Band der deutschen Staaten, setzte die Hegemonie Preußens in Deutschland durch, vor der sich Bayern und Württemberg fürchteten, und zwang Österreich dazu, aus Deutschland auszuscheiden. Der Krieg war, mit einem Wort, ein Desaster sowohl für Dahns Liberalismus als auch für seine nationalen Hoffnungen. Zugleich musste er, statt sie zu stabilisieren, seine antiborussische Grundhaltung notwendig ins Wanken bringen – nicht weil Dahn, seit den frühen Würzburger Jahren ein Anhänger der Lehren Charles Darwins,[43] das Recht des Stärkeren im Kampf ums Dasein befürwortet hätte, sondern weil die deutsche Geschichte

---

41 Dahn: *Erinnerungen*, Bd. 4.1, S. 128.
42 Ebd., S. 129 f.
43 Ebd., S. 59 ff.

mit Königgrätz ins Zeichen der Alternativlosigkeit getreten war. Die rasche Niederlage Österreichs, die klägliche Rolle, die das bayerische Heer in dem Krieg gespielt hatte, schließlich der unmittelbare Eindruck, den Dahn sich von der Modernität der preußischen Kriegsführung bei der Belagerung und Besetzung Würzburgs hatte verschaffen können, mussten ihn von der faktischen Hegemonie Preußens und damit davon überzeugen, dass sich eine nationalstaatliche Einigung allein unter preußischer Führung werde herstellen lassen. Zur Abkehr von seiner antipreußischen Haltung und seiner Gegnerschaft zu Bismarck kam es aber erst durch die realpolitisch begründete Zurückhaltung Preußens bei den Friedensverhandlungen: also die Begrenzung Preußens auf die Mainlinie und die territoriale Schonung der süddeutschen Staaten. »Da war«, heißt es in Dahns *Erinnerungen*, »der letzte Groll zerschmolzen und bald steigerte sich meine Bewunderung zu heißer Liebe, zumal nachdem auch noch mein statsrechtliches Gewissen bezüglich der Verfassungsverletzungen dadurch sich beschwichtigt fand, daß der gewaltige Sieger seine Volksvertretung um Indemnität anging, also anerkannte, daß Rechtsverletzung vorgekommen sei.«[44] Wiederum ist bemerkenswert, wie repräsentativ der sich hier anbahnende politische Schwenk Dahns für den deutschen Liberalismus insgesamt war, den der preußische Sieg 1866 zu einer grundsätzlichen politischen Neuorientierung veranlasste; auch im Preußischen Landtag gingen große Teile der Fortschrittspartei und des linken Zentrums von der Konfrontation zur Kooperation mit Bismarck über, um gemeinsam mit ihm nationale

---

44 Ebd., S. 189 f.

Politik betreiben zu können.[45] Der deutsche Liberalismus trat endgültig in die Phase des Nationalismus ein.

Abgeschlossen wurde dieser Prozess im Leben Dahns aber erst auf dem Schlachtfeld von Sedan. Dahn hat in den *Erinnerungen* nicht verschwiegen, dass ihm die politische Neuorientierung, zumal als Professor im bayerischen Würzburg, nicht immer leichtgefallen ist und dass viele Vorbehalte gegenüber Bismarck auch nach 1866 blieben.[46] Nach dem Krieg von 1870/71 aber und bis ans Lebensende grenzte seine Verehrung Bismarcks an Idolatrie. Bei Kriegsausbruch reagierte Dahn nicht anders als die große Mehrheit der deutschen Bevölkerung und schlug sich ganz auf die Seite Preußens. Bismarcks Kalkül, mit der Redaktion und Publikation der »Emser Depesche« den weit überwiegenden Teil der Nation auf die Seite Preußens zu bringen, war glänzend aufgegangen, die Mobilisierung des deutschen Nationalgefühls war gelungen, gegen die Erwartung der französischen Politik auch und gerade in Süddeutschland, und damit wurde der Krieg zu einem nationalen, zu einem deutschen Krieg.[47] So hatte Dahn den Krieg von Anfang an begriffen: als einen Kampf für das »*Vaterland*«, für »das Wohl und Wehe Deutschlands«,[48] und so hatte er es schon in seinem »Abschiedsbrief« an Julius von Freyberg verkündet: »Es ist meine Pflicht, mich für Deutschland zu

---

45 Nipperdey: *Deutsche Geschichte. 1800–1866*, S. 798.
46 Dahn: *Erinnerungen*, Bd. 4.1, S. 190 f. Hier charakterisiert er übrigens seine politische Haltung im Jahre 1866 bereits als diejenige eines »[ungefähr] Nationalliberalen«, S. 191.
47 Nipperdey: *Deutsche Geschichte. 1866–1918*. Bd. 2. *Machtstaat vor der Demokratie*. Mit einem Nachwort von Paul Nolte. München 2013, bes. S. 59 ff.
48 Dahn: *Erinnerungen*, Bd. 4.1, S. 221.

opfern.«[49] Deshalb war es nur konsequent, dass er seine Dienste gleichzeitig dem bayerischen und dem preußischen Kriegsminister anbot und damit die politische Einheit Deutschlands als das wichtigste Kriegsziel faktisch vorwegnahm. Auf dem Schlachtfeld wurde dann für ihn der preußisch-süddeutsche Dualismus endgültig aufgehoben. Zwar hatte er den größten Teil der Schlacht inmitten bayerischer Truppen verbracht, aber sein rauschhafter Wunsch, ins Zentrum der Schlacht vorzudringen, entsprach einem Verschmelzungsbegehren: den preußischen Truppen so nahe wie möglich zu kommen, im gemeinsamen Kampf die Einheit der Nation Wirklichkeit werden und damit alle anti-preußischen Vorbehalte für immer hinter sich zu lassen. Der Griff zum Gewehr auf dem Schlachtfeld von Sedan war der symbolische Ausdruck dieser lebensgeschichtlich-politischen Wende: Der Süddeutsche erkannte die preußische Vorherrschaft an, denn nur so konnte er dazu beitragen, das wichtigste, nein, einzige Kriegsziel, die nationale Einheit Deutschlands, »gegen das offensive Veto Frankreichs durchzusetzen.«[50] Als dies Ziel erreicht war, galten ihm fortan alle politischen Schritte Bismarcks, die er bis dahin verworfen hatte, als früher unverstandene geniale Schachzüge eines geostrategischen Mastermind, der nie ein anderes Ziel gehabt hatte, als die nationale Einheit gegen den Willen Frankreichs herzustellen, und wenn dies große Ziel nur mit Hilfe eines Verfassungsbruches zu erreichen gewesen war, so musste man eben auch das hinnehmen. Damit bezeichnet Dahns gegen das Kriegsrecht vollzogener

---

49 Wie Anm. 19.
50 Nipperdey: *Deutsche Geschichte. 1866–1918*, S. 63.

Griff zum Gewehr zugleich den Wendepunkt, mit dem sich der Liberalismus tief dem Nationalismus zu beugen begann.

Einen Wendepunkt bezeichnet die Schlacht von Sedan ebenfalls in Felix Dahns wissenschaftlichem und literarischem Werk. Denn die Jahre vor der Reichsgründung bildeten für ihn eine wissenschaftliche und literarische Krisenzeit; seine seit den Jugendjahren enorm sprudelnde dichterische Produktion war gänzlich versiegt und wurde durch einen wissenschaftlichen Ausstoß ersetzt, dessen Umfänge sich über die Karriereplanung hinaus allenfalls durch eine Strategie der Selbstbetäubung erklären lassen. Der staunenswert begabte wissenschaftliche und literarische Strudelkopf Dahn, ständig schwankend zwischen historischer Quellentreue und abundierender Imagination, war nach glänzend bestandenem juristischem Staatsexamen als 21jähriger mit einer Dissertation *Ueber die Wirkung der Klagverjährung bei Obligationen* in München summa cum laude promoviert worden und bestand nach dem zügig absolvierten Referendariat das zweite juristische Staatsexamen, den gefürchteten bayerischen Staatskonkurs, im Dezember 1856 als Jahrgangsbester. Die ihm daraufhin angebotene Stelle im bayerischen Innenministerium schlug der 22jährige aus, weil er sich eine wissenschaftliche Laufbahn in den Kopf gesetzt hatte; schon zehn Monate später, im Oktober 1857, habilitierte er sich an der Münchner Juristischen Fakultät mit der Schrift *Studien zur Geschichte der germanischen Gottes-Urtheile*. Was auf diesen glanzvollen Beginn folgte, waren lange, zähe, bedrückende Kapitel aus der Elendsgeschichte der deutschen Privatdozenten, auf die der erfolgsverwöhnte junge Mann seelisch in keiner Weise eingerichtet war; sie endeten erst sechs Jahre später mit der

Berufung auf eine Außerordentliche Professur in Würzburg, die nach zwei Jahren in eine Ordentliche Professur umgewandelt wurde. Dass Dahn sich dazu entschlossen hatte, unter diesen ungesicherten Verhältnissen schon im Alter von 24 Jahren eine Ehe einzugehen, zwang ihn zu fieberhafter publizistischer, literarischer, wissenschaftlicher Tätigkeit; ein psycho-physischer Zusammenbruch im Jahre 1862 war das Ergebnis. Zur Gesundung griff Dahn auf das klassische Remedium der deutschen Intellektuellen zurück: eine Italienreise, die ihn bis nach Ravenna führte; finanzieren musste er sie durch *Reisebriefe aus Tirol und Italien*, die er für das Deutsche Museum schrieb und die aufschlussreiche Beobachtungen zur italienischen Einigungsbewegung enthalten.[51]

Dass Dahns akademische Laufbahn sich so schwierig gestaltete, hatte seinen Grund nicht zuletzt darin, dass er sich mit seiner Habilitationsschrift der germanischen Rechts- und Verfassungsgeschichte zugewandt und – unter dem Einfluss der Schriften Jacob Grimms und der unmittelbaren Wirkung Konrad von Maurers – der Gruppe der Germanisten unter den deutschen Juristen angeschlossen hatte: trotz der zeitgenössischen ideologischen Konjunktur des Germanentums eine karrierestrategisch heikle Entscheidung! Er wusste dies genau, deshalb stand ihm auch klar vor Augen, dass er den Kampf um einen Lehrstuhl nur würde gewinnen können, wenn er ein Hauptwerk vorzulegen hatte, das in seiner Bedeutung vergleichbar mit Jacob Grimms *Deutschen Rechts-Alterthümern* und dessen *Deut-*

---

51 Vgl. Dahn: *Bausteine.* 3. Reihe. Berlin 1882, S. 168–334. Dahn hat ebd., S. 333, seine italienischen *Reisebriefe* im Abstand von zwanzig Jahren konsequent als eine »rückwärtsschauende Prophetie« auf die nationalstaatliche Einigung Deutschlands gelesen.

scher *Mythologie* oder Theodor Mommsens *Römischer Geschichte* sein sollte.

Gleich nach der Habilitation, im Alter von 23 Jahren, nahm Dahn deshalb die Arbeit an seiner Monographie *Die Könige der Germanen. Das Wesen des ältesten Königtums der germanischen Stämme und seine Geschichte bis auf die Feudalzeit* auf; als er sie 1909 im Alter von 75 Jahren abschloss, lagen 12 Bände vor, einige davon in mehreren Teilbänden. Dies ist Felix Dahns Hauptwerk, und so wäre es ohne das Erscheinen der ersten beiden Bände im Jahre 1861 sicher nicht zwei Jahre später zu dem Würzburger Ruf gekommen. Der Grundgedanke des monumentalen Werkes ist relativ einfach; es will zeigen, dass das auf Erblichkeit beruhende Königtum bei den germanischen Völkern nicht etwa, wie in der zeitgenössischen Historiographie vielfach behauptet, unter römischem Einfluss entstanden sei, sondern dass es zu deren »Urbesitz« seit ihrem ersten Auftauchen in der Geschichte, also seit den Zeiten Cäsars und Tacitus', gehört und deren gesamte Staats- und Verfassungsgeschichte geprägt habe.[52] Wenn sich Dahn dennoch gründlich im Umfang der Aufgabe verschätzte, so lag dies zum einen an seinem Anspruch, sein Werk primär aus allen vorliegenden Quellen zu erarbeiten. Tatsächlich zeichnen sich die Bände durch eine derart stupende Quellenkenntnis aus, dass die These gewagt werden darf, es habe nach ihm kein Historiker mehr über eine derart breite Quellenkenntnis zu einem Jahrtausend europäischer Geschichte verfügt wie er – wobei ihm auch seine beeindruckend sichere Beherrschung

---

[52] Felix Dahn: *Die Könige der Germanen. Das Wesen des ältesten Königtums der germanischen Stämme und seine Geschichte bis zur Auflösung des Karolingischen Reiches*. Nach den Quellen dargestellt. Bd. 1. *Die Zeit vor der Wanderung – Die Vandalen*. 2. Auflage. Leipzig 1910, S. 27.

zahlreicher alter und moderner Sprachen half, die ihn zudem zu akribischer linguistischer Quellenkritik befähigte. Wenn er im Vorwort zum 5. Band, der die politische Geschichte der Westgoten behandelt, doch eingestehen muss, dass er auf die Behandlung der arabischen Quellen verzichtet habe, so begründet er dies mit dem Argument, dass sie, wie die einschlägige Forschung gezeigt habe, »den Ereignissen allzu ferne stehen« und »nur Sage und Poesie bieten«, sich in diesem Fall also das Erlernen der Sprache nicht gelohnt hätte.[53]

Der andere Grund, weshalb das Unternehmen in seinem Umfang so gewaltig expandierte, war methodischer Art. Dahn war der Auffassung, dass sich die Geschichte des Staats- und Verfassungsrechts eines Volkes nicht verstehen lasse ohne die genaue Kenntnis seiner politischen sowie seiner Kultur- und Sozialgeschichte. Dies gestaltete sein Projekt einerseits in methodischer Hinsicht besonders ambitioniert, nahm ihm andererseits aber jede Möglichkeit zur systematischen Begrenzung des Materials, so dass der ohnehin schon groß angelegte Versuch einer Institutionengeschichte der germanischen Völker sich kontinuierlich ausweitete zu einer umfassenden politischen Geschichte, in die die Geschichte der Institutionen eingebettet war. In dieser darstellerischen Expansion aber drohte der Rechtshistoriker mit seiner spezifischen Fragestellung und seiner besonderen Fachkompetenz sich Schritt für Schritt selbst abhanden zu kommen und gleichsam zu diffundieren in der totalisierenden Perspektive einer umfassenden Rekon-

---

53 Felix Dahn: *Die Könige der Germanen. Das Wesen des ältesten Königthums der germanischen Stämme und seine Geschichte bis auf die Feudalzeit.* Nach den Quellen dargestellt. 5. Abtheilung. *Die politische Geschichte der Westgothen.* Würzburg 1870, S. IX.

struktion der Geschichte der germanischen Völker. Man kann dies an den Proportionen der Bände erkennen: Während Dahn bei der Darstellung der Vandalen im ersten Band noch mit 120 Seiten auskam, brauchte er bei den Ostgoten schon zwei Bände und einen weiteren Band zu den Edikten der Könige Theoderich und Athalarich. Im Falle der Westgoten wuchs sich das Projekt wiederum zu zwei großen Bänden aus, und dafür, dass diese abgeschlossen werden konnten, musste Dahn überdies die zwar durch die verfassungsgeschichtliche Fragestellung gerechtfertigte, dennoch für ein primär rechtshistorisches Werk ungewöhnliche Entscheidung treffen, aus dem Band, der die Verfassung der Westgoten behandelt, alles Privatrechtliche, also »umfangreiche Erörterungen über Strafrecht, Civil- und Straf-Proceß«,[54] auszugliedern in seine erst Jahre später erschienenen *Westgothischen Studien*,[55] die dann noch einmal 320 Seiten umfassten. Diese ständige Ausweitung hatte weniger mit dem wachsenden Umfang der Quellen zu tun als mit der bewussten methodischen Entgrenzung des Projekts. Hier liegen auch die Gründe, weshalb das durch Quellenkenntnis und darstellerische Kraft beeindruckende Hauptwerk Dahns zu Lebzeiten bei allem Respekt vor seiner Leistung nur zurückhaltend rezipiert wurde: Für die Rechtshistoriker enthielt es zu viel Geschichte, für die Historiker enthielt es zu viel Institutionen- und zu wenig Ereignisgeschichte. Als im Jahre 1909 der letzte Band erschien, war wohl die Zeit schon über das gewaltige Unternehmen hinweggegangen.

---

54 Felix Dahn: *Die Könige der Germanen*. 6. Abtheilung. *Die Verfassung der Westgothen – Das Reich der Sueven in Spanien*. Würzburg 1871, S. VII.

55 Felix Dahn: *Westgothische Studien. Entstehungsgeschichte, Privatrecht, Strafrecht, Civil- und Straf-Proceß und Gesammtkritik der Lex Visigothorum*. Würzburg 1874.

Jedenfalls musste Felix Dahn nach Abschluss des 6. Bandes klargeworden sein, dass es so mit seinem Projekt nicht weitergehen konnte, das ihm über den Kopf zu wachsen drohte. Er entschloss sich deshalb zu einem radikalen Schritt und brach nach Erscheinen des 6. Bandes im Jahre 1871 die Arbeit an seinem Hauptwerk für mehr als zwei Jahrzehnte ab. Die lebensgeschichtliche und politische Wende auf dem Schlachtfeld von Sedan bezeichnet damit auch eine werkgeschichtliche Peripetie in der wissenschaftlichen Biographie des Rechtshistorikers Felix Dahn. Dabei spielten sicher psychodynamische Gründe eine Rolle; es war ihm bewusst, dass die fieberhafte Arbeit an den Bänden 5 und 6 der *Könige* in den Jahren von 1867 bis 1870 nicht zuletzt der seelischen Betäubung in der Misere seiner Ehe gedient hatte. Er hat dies in seinen *Erinnerungen* freimütig eingestanden: Die »bis zum Umfallen getriebenen Arbeiten an Könige V. und VI.« seien damals sein »einziger geistiger Halt« gewesen;[56] er habe sie bis zum Ausrücken nach Frankreich in »jeder freien Stunde« betrieben: »Es beruhigte von den außerordentlichen Aufregungen.«[57] Dieses Motiv hatte sich seit seiner Wiedergeburt auf dem Schlachtfeld von Sedan für immer erledigt; er bedurfte eines solchen Beruhigungsmittels nun nicht mehr.

Der Entschluss, die Arbeit an seinem Hauptwerk vorerst abzubrechen, wurde Dahn aber durch Gründe erleichtert, die erst mit dem deutschen Sieg über Frankreich virulent geworden waren. Nach den Bänden über die Westgoten standen seinem Werkplan zufolge diejenigen zur »Geschichte des Königtums der Franken und aller der Völker-

---

56 Dahn: *Erinnerungen*, Bd. 4.1, S. 219 f.
57 Ebd., S. 230.

schaften« an, »welche der fränkischen Monarchie einverleibt wurden«. An diesem Plan hielt er fest, wobei ihm allerdings nach Abschluss der ersten sechs Bände klar wurde, dass die 1861 im 1. Band getroffene optimistische Prognose zur Darstellungsökonomie der Franken-Bände unrealistisch war: »Da für die Geschichte des Frankenreiches verhältnismäßig am meisten geschehen ist und geschieht, so wird sich die Darstellung des Königtums der Franken und ihrer Zubehör ungleich kürzer fassen können.«[58] Das erwies sich schon deshalb als illusionär, weil sich Dahn durch die Arbeit an seinem Werk in seiner rechtsgeschichtlichen Grundauffassung bestätigt sah, dass alles Recht bei den germanischen Völkern in einem nicht kodifizierten Gewohnheitsrecht gründe, das sich nur im Zusammenhang mit der politischen, der Wirtschafts- und Kulturgeschichte erschließe.[59] Deshalb dachte Dahn nicht im Ernst daran, aus darstellungsökonomischen Gründen bei den Franken von seinen methodischen Prinzipien abzuweichen, im Gegenteil: Er warf sich nach Fertigstellung des 6. Bandes vor, bei den gotischen Völkern im Hinblick auf Politik, Wirtschaft und Kultur viel zu zurückhaltend verfahren zu sein, ein Fehler, den er bei den Franken nicht wiederholen konnte und wollte: »noch weniger mochte solche Knappheit bei dem Frankenreich angehen.«[60]

Wenn die gewaltige Darstellung der Rechtsgeschichte des Frankenreichs – tatsächlich bildeten die bis dahin erschienenen sechs Bände der *Könige* ja nur ein Viertel des

---

58 Dahn: *Die Könige der Germanen*. Bd. 1, S. IX f.
59 Felix Dahn: *Erinnerungen*, Bd. 3, S. 94 ff.
60 Ebd., S. 357.

Gesamtwerks! – sich aber weitgehend auf die Institutionengeschichte, auf Staat, Verfassung und öffentliches Recht, konzentrierte, dann nicht deshalb, weil Dahn in irgendeiner Weise von seiner Auffassung von germanischer Rechtsgeschichte abgewichen wäre. Im Vorwort zum 1894 erschienenen ersten Franken-Band schließt er unmittelbar an die methodischen Erwägungen zu den bis 1871 erschienenen Bänden an, vor allem an die »Erkenntniß, daß gerade bei meiner Auffassung vom Recht die für die Franken und die in deren Reiche vereinten Stämme so mächtig fluthenden Quellen der politischen, der Bildungs- und zumal der Wirthschaftsgeschichte in breiterem Umfange mit herangezogen werden mußten, als dies bei den bisher behandelten gotischen Völkern möglich gewesen war. Mir selbst und meinen Lesern konnte ich die Verfassungsgeschichte nur im Zusammenhang mit jenen übrigen Wandelungen des Volkslebens klar und befriedigend darstellen.«[61] Realisieren ließ sich dieser methodische Anspruch nur durch eine rigorose Aufspaltung des Projekts dergestalt, dass die politische, die Wirtschafts- und die Kulturgeschichte systematisch aus ihm ausgegliedert und auf zwei andere monumentale Werke übertragen wurden, auf die sich Dahn mehr als zwei Jahrzehnte später beim Fortgang seiner *Könige* beziehen konnte. Er verfasste nach seinem Wechsel ins preußische Königsberg – sicher auch aus finanziellen Gründen, weil ihn 1874/75 lukrative Angebote von Verlegern erreichten – parallel zueinander zwei große Geschichtswerke: eine *Urgeschichte der germanischen und romanischen Völker*,

---

[61] Dahn: *Die Könige der Germanen.* Bd. 7. *Die Franken unter den Merovingen.* Erste Abtheilung. Leipzig 1894, S. III.

die von 1881 bis 1889 in vier eng bedruckten Großoktavbänden mit einem Gesamtumfang von 2650 Seiten erschien und historisch denselben Zeitraum umfasst wie die *Könige der Germanen*, und eine zweibändige *Geschichte der deutschen Urzeit*, die von 1883 bis 1888 erschien und ebenfalls den Zeitraum bis 814 abdeckt. Nach Abschluss dieser Werke, deren erstes den Schwerpunkt auf die politische Geschichte legte und deren zweites sich auf die Rechts- und Wirtschaftsgeschichte konzentrierte, konnte er nach einer Unterbrechung von über zwei Jahrzehnten die Arbeit an den *Königen* wieder aufnehmen; 1894 erschien deren 7. Band (mit einem nicht weniger als 170 eng bedruckte Seiten umfassenden Quellen- und Literaturverzeichnis).

Werk- und schreibstrategisch hat Dahn in dieser Möglichkeit zur Auslagerung der »für die ›Könige‹ unaufnehmbaren und doch mir unentbehrbaren Fülle des politischgeschichtlichen und des cultur-geschichtlichen Stoffes«[62] in zwei andere Geschichtswerke ein Geschenk des Himmels gesehen, durch das sein Hauptwerk erst realisierbar wurde. Dies ändert aber nichts daran, dass sich damit in methodischer Hinsicht dessen Aufspaltung vollzog, also eine darstellerische Loslösung der Rechtsgeschichte von der politischen und von der Kulturgeschichte – und tatsächlich waren die *Könige der Germanen* vom 7. Band an ein konzeptionell anderes Buch, denn erst von hier an konzentrierte sich das Werk ganz auf die Verfassungs- und Institutionengeschichte. Das aber heißt, dass das Jahr 1870 für Dahn wie in persönlicher und politischer, so auch in werkstrategischer und wissenschaftlich-methodischer Hinsicht einen entscheidenden Wendepunkt bezeichnet. Mit der Reichs-

---

62 Dahn: *Erinnerungen*, Bd. 3, S. 357 f.

gründung entfaltete sich bei den Bürgern des neuen Kaiserreichs ein großes Bedürfnis nach einer nationalen Geschichtsschreibung, die den Weg der Deutschen von den Ursprüngen bis zur nationalstaatlichen Einigung in eine schlüssige große Erzählung überführen sollte. Diesem nationalpolitisch und -pädagogisch begründeten Bedarf konnte Dahn mit seinem rechtshistorischen Hauptwerk schwerlich nachkommen, dafür aber verschaffte ihm die neue politische Lage gleich nach der Reichsgründung und seinem Wechsel auf eine preußische Universität die Aufträge, die es ihm erlaubten, sich als nationalpolitisch motivierter Historiograph der deutschen Geschichte zu profilieren. Mit anderen Worten: ohne Sedan wäre der Jurist Felix Dahn nicht zum politischen Historiker jener Völker im ersten nachchristlichen Jahrtausend geworden, aus denen sich später die deutsche Nation formen sollte.

Hinzu kommt ein Zweites. Die Möglichkeit, sein historisches Projekt aufzuspalten in mehrere methodische Stränge, bot sich Dahn in einer prekären Situation seines großen Unternehmens: zu dem Zeitpunkt, als er sich daran machen wollte, die Geschichte der Könige im Frankenreich darzustellen. Das Frankenreich aber ist jene politische Einheit, aus der sich nach 814, dem Todesjahr Karls des Großen, die beiden Nationen bildeten, die einander 1870 auf dem Schlachtfeld von Sedan gegenüberstanden. Die Geschichte der Franken als Ursprungsgeschichte der Deutschen und der Franzosen konnte deshalb nur im Lichte der politischen Rivalität der beiden Nationen erzählt werden, die aus ihnen erwachsen waren, und was dies bedeutete, hatten bereits die Leser der in den 1860er Jahren entstandenen Bände der *Könige* über die West- und Ostgoten ermessen können: Die Franken, »die alten Rivalen und bösen

Nachbarn der Goten«,[63] kamen in ihnen in ihrer Politik gegenüber den Goten seit Chlodovech nicht gut weg; es ist viel von Verrat und fehlender Bündnistreue die Rede. Die nach 1871 vollzogene methodische Abspaltung der Politik- und Kulturgeschichte von seinem rechtshistorischen Hauptwerk eröffnete Dahn nun die Möglichkeit, den Fortgang der *Könige* vom nationalpolitischen und -pädagogischen Auftrag zu entlasten. Dahn musste seine Rechtsgeschichte des Frankenreichs nicht mehr hineinzwängen in eine Ursprungsgeschichte der deutschen Nation, und deshalb konnten gerade die späten Bände der *Könige* zu beeindruckenden Zeugnissen des historistischen Ideals unbedingter Quellentreue und unvoreingenommener Institutionengeschichte ohne nationalen Eifer werden. Wer sich den berserkerhaften Nationalismus gerade des späten Dahn vor Augen führt, wird diese Nüchternheit und Unparteilichkeit des rechtshistorischen Blicks auf die Entwicklung des Frankenreichs bis zu dessen Aufspaltung nach dem Tod Karls des Großen nicht ohne Verwunderung zur Kenntnis nehmen; sie bildet eine Konsequenz der von Dahn nach 1871 vollzogenen methodischen Auslagerung des nationalpolitischen Auftrags der Geschichtsschreibung im jungen Kaiserreich in die auf Politik, Wirtschaft und Kultur der germanischen Völker sich konzentrierenden beiden anderen Geschichtswerke.

Auch sie bleiben prinzipiell dem historistischen Wissenschaftsideal quellennaher Forschung und Darstellung verpflichtet, argumentieren jedoch ohne Scheu vor Wertungen und vor allem vor essentialistischen Vorstellungen von

---

63 Dahn: *Die Könige der Germanen*. Bd. 2. *Die kleineren gotischen Völker. – Die äußere Geschichte der Ostgoten*. 2. Auflage. Leipzig 1911, S. 186.

Volk und Nation, die Dahn im Sinne des Ahnenkonzepts eine Kulturkontinuität zwischen germanischer Urzeit und der Gegenwart des Kaiserreichs herzustellen erlauben: »Es hat der Wald aber unser Volk nicht nur gerettet: er hat es frisch, urwüchsig, gesund an Leib und Seele erhalten, so daß es den abgelebten Römern in der That als jugendlicher Erbe der Weltherrschaft, als Träger der Zukunft, entgegenschreiten konnte.«[64] So schlägt Dahn in seiner *Urgeschichte* immer wieder die Brücke zwischen germanischer Urzeit und imperialer Jetztzeit, wobei er sich auch vor delirierenden Aussagen über den germanisch-deutschen Volkscharakter nicht scheut: »In Odhins Gestalt hat die ganze Herrlichkeit, Tiefe und Fülle des germanischen Geistes sich selber dargestellt: unsere großen Staatsmänner, Könige, Feldherren, Helden, Dichter, Philosophen, – sie alle haben in Odhin ihr Vorbild.«[65] Dass der positive Volkscharakter der Germanen durch negative Charakterisierungen rivalisierender Nationen profiliert werden muss, liegt in der Konsequenz solcher wertenden Völkertypologien; entsprechend sind die Slaven für Dahn seit Tacitus »an ihrer tieferen Bildungsstufe, zumal an ihrem Schmutz und an ihrer dumpfen Trägheit, von den Germanen zu unterscheiden«.[66] An diesem slavophoben Stereotyp hat Dahn zumal seit der Königsberger Zeit unbeirrt festgehalten und es vor allem in seinen Romanen propagiert.[67] Königsberg war für ihn eine

---

64 Felix Dahn: *Urgeschichte der germanischen und romanischen Völker*. Bd. 1. 2. neu bearbeitete Auflage. Berlin 1899, S. 35.

65 Ebd., S. 133.

66 Ebd., S. 16.

67 Auf geradezu orgiastische Weise geschieht dies vor allem in den Romanen *Attila* (1888) und *Welt-Untergang. Geschichtliche Erzählung aus dem Jahre 1000 nach Christus* (1889).

deutsche Frontstadt im Kampf gegen den Panslavismus, und so hat er denn bis an sein Lebensende großen Wert darauf gelegt, niemals russischen Boden betreten und die Übersetzung seiner Bücher in slavische Sprachen unterbunden zu haben.

Im Falle der Franken konnten solche negativen Volksstereotype allerdings noch nicht zur Geltung kommen; sie werden deshalb von Dahn ersetzt durch Stereotype der Herrscherhäuser: »Clodovech war in Talent, Kraft, Tücke und roher Wildheit nur der hochgesteigerte Typus der Salier überhaupt.«[68] Auch bei Chlodovech scheut Dahn vor markanten Wertungen nicht zurück; wie er die Einigung des »ganzen Frankenvolks« »in seiner Faust« bewundert, so konstatiert er doch auch, wenngleich nicht ohne Ironie, »daß der heilige Geist, der ihm bei der Taufe das Salböl gebracht, dem Sprößling des Meerdämons von seiner dämonischen Wildheit, Tücke und Ruchlosigkeit nichts abgespült hatte«.[69] Und wenn er, gestützt auf das Urteil Gregors von Tours, Chlodovech sei der »Stolz der Nation geworden«, feststellt, »daß der König nur gesteigert die Art seines Volkes ausprägte«,[70] ist er auch bei den Franken nicht weit entfernt von der Konstruktion eines problematischen Nationalcharakters. Da sich der moderne Nationalcharakter der Franzosen für Dahn aus der Verschmelzung keltischer und fränkischer Elemente erklärt, kann es zu solchen die Jahrtausende übergreifenden nationalen Stereotypisierungen kommen wie der folgenden, die sich auf Strabos Urteil über die Kelten stützt: »Dem Nationalcharakter ent-

---

68 Dahn: *Urgeschichte*. Bd. 3. Berlin 1883, S. 65.
69 Ebd., S. 63.
70 Ebd., S. 69.

sprach es schon damals, sich im Siege ›unerträglich maßlos, eitel und übermüthig‹, nach einer Schlappe ›völlig verblüfft und entmuthigt‹ zu erweisen; auch die Händelsucht und in früher Jugend die Kraft erschöpfende Ausschweifungen – in starkem Gegensatz zu den Germanen werden hervorgehoben.«[71]

Das ist Historiographie im Dienste der Nationalerziehung. Dass es sich, bei aller auch hier dominierenden Nüchternheit des quellenbewussten Historikers, im Falle der zweibändigen *Geschichte der deutschen Urzeit* nicht anders verhält, zeigt bereits die auf den Sedanstag des Jahres 1882 datierte Widmung des ersten Bandes an: »Den Freunden Gareis, Roßbach, Semper: in Erinnerung an die gemeinsam durchlebte Schlacht von Sedan«;[72] sie ist Ausdruck von Dahns Bewusstsein, dass es das Werk nicht gäbe ohne diese Schlacht, die den Wendepunkt seines gesamten Daseins markiert. Die am Ende der Schlacht gewonnene stolze Überzeugung »Jetzt ist das deutsche Volk das erste Volk der Erde«[73] bricht sich auch in Dahns *Geschichte der deutschen Urzeit* in nationalpädagogischen Ausbrüchen immer wieder Bahn, etwa wenn er die »heidnischen Tugenden« der Germanen wie Treue und vor allem Heldentum rühmt: »sie haben unser Volk zuerst in der furchtbaren römischen Gefahr gerettet […] und ihm zuletzt die Weltherrschaft gewonnen.«[74] Solche nationalpolitischen Funktionalisierungen der Geschichtsschreibung, in denen der Professor

---

71 Ebd., S. 9.
72 Felix Dahn: *Geschichte der deutschen Urzeit*. Erste Hälfte. (Bis a. 476.). Gotha 1883, S. V.
73 Dahn: *Erinnerungen*, Bd. 4.1, S. 521.
74 Dahn: *Geschichte der deutschen Urzeit*, S. 309.

gleichsam wieder zum Gewehr greift, finden sich hingegen in seinem Hauptwerk über die *Könige der Germanen* nur äußerst selten; hier herrscht die institutionengeschichtliche Sachlichkeit des Rechtshistorikers, der nach Sedan sein nationalpädagogisches Ethos und Pathos ausgelagert hatte in die politische Geschichtsschreibung.

So entschied der Tag von Sedan nicht allein über die private und die politische Zukunft Felix Dahns, sondern in thematischer wie in methodischer Perspektive auch über den Fortgang seines wissenschaftlichen Werks. Aber dies konnte noch nicht alles sein. Denn der strahlend begabte junge Gelehrte verfügte zudem über ein bemerkenswertes literarisches Talent und eine hohe dichterische Produktivität. Bereits in seinem Berliner Studienjahr 1852/53 hatte man den 19jährigen in die prestigeträchtigen Literaturclubs »Ellora« und »Tunnel über der Spree« aufgenommen, wo Theodor Fontane auf den Balladendichter Dahn aufmerksam wurde. Zurückgekehrt nach München, trat Dahn in den noblen Dichterkreis der Krokodile um Emanuel Geibel und Paul Heyse ein und erwarb sich dort rasch hohes Ansehen.[75] Noch vor seiner Dissertation veröffentlichte der 21jährige das Versepos *Harald und Theano*, das von der tragischen Liebe zwischen einem Wikingerkönig und einer griechischen Christin auf dem unter spätrömischer Dekadenz ächzenden Zypern erzählt. Und schon Ende 1856 brachte der 22jährige einen ersten Band *Gedichte* (mit dem Erscheinungsjahr 1857) heraus, der trotz seines beträchtlichen Umfangs – hier zeichnete sich ein Dahnsches Grundproblem ab – ebenfalls auf positive Resonanz stieß.

---

75 Als Fontane am 10. März 1859 »in der Krokodilen-Gesellschaft« Gedichte vorgetragen hatte, erwähnte er im Bericht an seine Frau eigens: »Auch Felix Dahn war zugegen.« Auch ihr muss der Name also gut bekannt gewesen sein; vgl. Anm. 2.

Umso erstaunlicher ist es, mit welcher Konsequenz sich Dahn nach 1857, dem Jahr seiner Habilitation, trotz seiner frühen Erfolge aus der Öffentlichkeit als Dichter zurückzog. Ebenso bemerkenswert ist der Zeitpunkt, zu dem er sich als Dichter zurückmeldete: nach einer Unterbrechung von 14 Jahren zunächst in seinem Schicksalsjahr 1870/71 mit den beiden jeweils in Einzeldrucken verbreiteten patriotischen Casualcarmina *Macte Imperator! Heil dem Kaiser* (lateinisch und deutsch) sowie *Die Schlacht von Sedan* und danach 1873 mit einem fast 600 Seiten umfassenden Band *Gedichte* von Felix und Therese Dahn, der mit der soeben eingegangenen zweiten Ehe auch seine Wiedergeburt als Dichter feierte. In den dazwischen liegenden anderthalb Jahrzehnten aber hatte sich der Dichter Dahn für die Leserschaft aufgelöst; so taucht der Name Felix Dahn beispielsweise in dem von Theodor Fontane herausgegebenen und vielfach aufgelegten *Deutschen Dichter-Album*, in dem dieser viele seiner Dichter-Freunde und -Bekannten günstig zur Geltung brachte, nicht auf.[76]

Felix Dahn hat in den *Erinnerungen* eingestanden, dass seit 1858 seine »dichterische Ader fast vollständig versiegt, d. h. versickert war: wie es schien: für immer.«[77] 1858 war das Jahr der Eheschließung und damit des Beginns einer »maßlosen Vielschreiberei« um des Broterwerbs für seine junge Familie willen: »Lieber Gott, was habe ich damals nicht Alles für Zeug zusammengeschrieben!«[78] Zerrissen zwischen wissenschaftlicher Ambition, die sich zum Zwecke

---

76 *Deutsches Dichter-Album*. Hg. von Theodor Fontane. Sechste vermehrte Auflage. Berlin [um 1870].
77 Dahn: *Erinnerungen*, Bd. 4.1, S. 199.
78 Dahn: *Erinnerungen*, Bd. 3, S. 390.

der Zukunftssicherung auf die Arbeit an den *Königen* zu konzentrieren hatte, journalistischer »Schnellschreiberei« im »grauenhaften Zeitungs-Deutsch«[79] zur Bewältigung des ökonomischen Alltags und den Ewigkeitsansprüchen, die er dichterisch zu realisieren suchte, musste er als Erstes die poetischen Ansprüche aufgeben – auch deshalb, weil seine akademischen Lehrer sie mit besonderem Misstrauen kommentierten. Er hatte sich gleich nach der Habilitation ein ambitioniertes Schreibprogramm auferlegt, das seine wissenschaftlich-poetische Doppelexistenz zu einem doppelten Erfolg hätte führen sollen: Neben dem wissenschaftlichen Hauptwerk über die *Könige der Germanen* sollte ein großer Roman entstehen, der thematisch in einer direkten Parallele zu dessen ersten Bänden die Geschichte des Ostgotenreiches in Italien zum Gegenstand haben sollte. Der Gattungswechsel vom Versepos zum Roman, den der 23 Jahre alte Autor damit vollzog, gibt sein ausgesprochenes Modernitätsbewusstsein zu erkennen, denn die Zeit der Versepen war um 1860 endgültig vorbei, und ein Erfolg auf dem Buchmarkt, auf den er dringend angewiesen war, ließ sich nur mit leihbibliotheksfähigen, also mehrbändigen Romanen erzielen. Fieberhaft stürzte er sich in die Arbeit an beiden großen Projekten, und dann erlosch unter der Vielzahl der schriftstellerischen Anforderungen doch die Kraft, den Roman, der später *Ein Kampf um Rom* heißen sollte, zu Ende zu führen: »mit welch freudigem Schwung hatte ich vor meiner Verheirathung diesen großen, so ganz zu meiner Eigenart in Forschung und Dichtung taugenden Stoff erfaßt, mit welchem Feuer die Erzählung bis zur Ge-

---

79 Ebd., S. 389.

fangennehmung des Vitigis durchgeführt: nun verzweifelte ich an meiner Kraft, das Werk würdig zu vollenden«.[80]

Dahns *Erinnerungen* versuchen es so darzustellen, als sei die Arbeit am Roman bereits 1858 zum Erliegen gekommen.[81] Aber so kann es nicht gewesen sein, wie schon das kurze Vorwort zu dem berühmten Roman mit dem einzigen Satz zu erkennen gibt, den es der Entstehungszeit widmet: »Das Werk ist 1859 begonnen, in Italien, zumal in Ravenna, weitergeführt, und 1876 in Königsberg abgeschlossen worden.«[82] Dieser Satz datiert den Beginn der Arbeit in die Zeit, in der nach dem Zeugnis der *Erinnerungen* Dahns poetische Ambitionen bereits erloschen waren; zudem wird die für die Leser des Romans unerklärlich lange Entstehungszeit von 18 Jahren nicht durch das Eingeständnis plausibilisiert, dass es zu langen Unterbrechungen bei der Niederschrift gekommen war – im Gegenteil: die Abfolge von Beginn, Weiterführung und Abschluss suggeriert einen organisch geschlossenen Arbeitszusammenhang. Der Hinweis auf die Fortführung in Ravenna schließlich dient primär der Authentizitätsbeglaubigung für den historischen Roman, denn tatsächlich führte die nach seinem psychophysischen Zusammenbruch im Jahre 1862 unternommene Italienreise Dahn nur für wenige Wochen nach Ravenna, die mit wenig ergiebigen Archivrecherchen für die *Könige* verbracht wurden, und auch bei seinen späteren Italienreisen blieb kaum Zeit für belletristische Arbeit. Entstehungsgeschichtlich ist das Vorwort zum Roman also kaum aussagekräftig.

---

80 Ebd., S. 392 f.
81 Vgl. auch Dahn: *Erinnerungen*, Bd. 4.1, S. 199.
82 Der Roman wird im Folgenden unter Angabe der Bandzahl zitiert nach der 16. Auflage, Bd. 4 nach der 8. Auflage (Leipzig 1882); Felix Dahn: *Ein Kampf um Rom. Historischer Roman*. Bd. 1. 16. Auflage. Leipzig 1890, S. VIII.

Die Briefe Felix Dahns an seinen Freund Julius von Freyberg zeichnen ein deutlich anderes Bild. Am 1. Juni 1862 – zu einer Zeit also, in der nach fünfjährigem Warten der Ruf auf eine Professur immer noch nicht abzusehen und Dahn deshalb auf das Gelingen des Romans finanziell in besonderem Maße angewiesen war – schrieb er an Freyberg: »Der Roman endlich schreitet mit sehr ungleichmäßigem Tempo vor. Die Stimmung zur Produktion läßt sich, wie ich erfahre, in epischer Prosa ebenso wenig erzwingen wie in der Lyrik […]. Es sind dermalen vierzig Schreibbogen druckreif, und hundert im ersten Entwurf fertig: fünfzig bis sechzig kommen wohl noch hinzu.«[83] Auch wenn es noch viel zu tun gab, klingt dies doch keineswegs nach einem drohenden Abbruch des Projekts, sondern eher nach sorgfältiger Planung der weiteren Arbeitsschritte. Andererseits hatte sich Dahn in diesem Jahr neben seinem journalistischen Galeerendienst, dem Roman und den *Königen* noch ein weiteres Großprojekt aufgebürdet: eine Monographie über seine wichtigste Quelle zu den ersten Bänden der *Könige*, den byzantinischen Historiker Prokopius von Caesarea; sie erschien, ursprünglich als Essay geplant, 1865 als immerhin 500 Seiten umfassendes Buch, das als Dahns sowohl historiographisches als auch philologisches Meisterstück gelten darf.[84] Obgleich sich dieses Projekt vor den Roman zu schieben drohte, konnte Dahn am 6. Juni 1862 Freyberg melden, dass die Arbeit am *Kampf um Rom* »langsam aber doch ununterbrochen« voranschreite, ja dass mit dessen Druck bereits am 1. Oktober begonnen werden

---

[83] Bayerische Staatsbibliothek München, Handschriftenabteilung, Ana 580.
[84] Felix Dahn: *Prokopius von Cäsarea. Ein Beitrag zur Historiographie der Völkerwanderung und des sinkenden Römerthums*. Berlin 1865.

sollte.⁸⁵ Am 19. Oktober 1862 ist von einem baldigen Druck zwar nicht mehr die Rede; dafür berichtet Dahn über den »unauslöschlichen Eindruck«, den inzwischen Ravenna auf seine »historische Phantasie« ausübte: Er habe in Ravenna »viel für die ›Könige‹, mehr für den Roman, am Meisten für mich selbst gefunden«.⁸⁶ Schließlich heißt es am 30. Juni 1863 in zurückgewonnener schriftstellerischer Selbstgewissheit und in dem Bewusstsein, dass der langersehnte Ruf nach Würzburg unmittelbar bevorsteht: »Der Prokop wird bis Weihnachten fertig. Auch der Roman ist fertig im Wesentlichen und wird im Jahre 64 erscheinen: im selben Jahre auch der III. Band der Könige«.⁸⁷ Danach ist in den Briefen an Freyberg, soweit sie in Dahns Nachlass vorliegen, von dem Roman nicht mehr die Rede; die Arbeit an dem Manuskript scheint also im Sommer 1863 zum Erliegen gekommen sein.

Dafür gibt es, wie die Daten zeigen, einen eindeutigen Grund: Nicht etwa das Ermatten der poetischen Imagination unter dem Druck der journalistischen Belastung seit 1858, auch nicht die Krisen seiner Ehe, sondern der Ruf auf die außerordentliche Professur in Würzburg hat ihn das Projekt des Romans abbrechen lassen. Dies gibt dessen schriftstellerischen Status deutlich zu erkennen: Es diente Dahn nach 1858 primär zur finanziellen Existenzsicherung; das auch erklärt den 1858 vollzogenen Wechsel vom Vers zur Prosa, der seine lyrische Produktion versiegen ließ. Das Motiv, mit einem historischen Erfolgsroman die Zukunft seiner Familie zu sichern, fiel mit dem Ruf nach Würzburg

---

85 Bayerische Staatsbibliothek München, Handschriftenabteilung, Ana 580.
86 Ebd.
87 Ebd.

fort, mehr noch: Dahn musste nun befürchten, mit einem belletristischen Page-turner seine mühsam errungene wissenschaftliche Reputation in einer Provinzstadt zu gefährden und sich um jede Aussicht auf eine ordentliche Professur zu bringen. Die Erfolgschancen, die er bisher mit seinem Roman verbunden hatte, verwandelten sich also nach dem Ruf auf die lang ersehnte Professur in erhebliche Risiken; deshalb stellte er die Arbeit an seinem Gotenroman ein, schloss stattdessen die Monographie über Prokop zügig ab und widmete sich dann trotz und wegen der Krise seiner Ehe so intensiv den *Königen*, dass 1870/71 die nächsten Bände erscheinen konnten. Nicht etwa eine künstlerische Schaffenskrise, wie Dahn in seinen *Erinnerungen* im Rückblick auf das Jahr 1858 seine Leser glauben machen wollte, sondern der bayerische Professor Felix Dahn selbst hat 1863 in kühler Kalkulation seiner wissenschaftlichen Karriere der schon weit gediehenen Arbeit an seinem großen Roman ein Ende gesetzt.

Eine Antwort auf die Frage, wie es dennoch sehr viel später zur Fertigstellung des Romans kommen konnte, kann sich nur auf eine Quelle stützen: auf Dahns gern erzählte Anekdote, dass seine junge Frau Therese es gewesen sei, die 1874 in Königsberg das Fragment des Romans vor dem Feuer bewahrt und dem schon vor dem Ofen knienden Dahn, nachdem er ihr einige Abschnitte vorgelesen hatte, »die mir doch nicht ganz übel geschienen«, nachdrücklich zu dessen Fertigstellung geraten habe.[88] Es liegt im Charakter solcher Anekdoten, dass sie nicht widerlegbar sind; im Übrigen spricht aber viel dafür, dass, zieht man den unmittelbar bevorstehenden Feuertod des Manuskripts ab, diese

---

88 Dahn: *Erinnerungen*, Bd. 3, S. 370; Bd. 4.2, S. 106.

als Hohelied der Gattenliebe timbrierte Geschichte über den Abschluss des Romans nach über zehn Jahre währender Unterbrechung im Kern zutrifft. Dahn hat in seinen *Erinnerungen* eindringlich hervorgehoben, dass erst seit der Begegnung mit Therese 1868 und nach der Eheschließung in Königsberg 1873 sich seine dichterische Begabung wieder habe Bahn brechen können: »Was ich als Dichter geworden bin, – ich bin es seit 1868 und 1873 geworden.«[89] Und so wird Therese als Fürsprecherin auch bei der Fertigstellung des Romans eine wichtige Rolle gespielt haben. Die Kernaussage der Anekdote wird zudem durch einen klaren philologischen Befund bestätigt. Denn die im Goethe- und Schiller-Archiv in Weimar aufbewahrte Originalhandschrift von *Ein Kampf um Rom* gibt deutlich die Unterbrechung der Arbeit nach der Gefangennahme des Witichis im 24. Kapitel des 3. Bandes (in der 2. Abteilung des 5. Buches) zu erkennen, von der Dahn in den *Erinnerungen* berichtet; danach ändert sich der Charakter des Manuskripts signifikant: nicht allein im Papierformat, sondern auch in der Schrift, denn vor diesem Einschnitt schreibt Dahn in deutscher Kurrentschrift, danach, wie fast immer nach 1870, in lateinischer Schreibschrift. Es spricht also alles dafür, dass das letzte Drittel des Romans tatsächlich erst seit 1874 in zügiger Arbeit niedergeschrieben wurde, so dass der Roman 1876 erscheinen konnte.

In literaturgeschichtlicher Hinsicht ist der Zeitpunkt symptomatisch, zu dem der Roman, der vor der Reichsgründung nicht abgeschlossen werden konnte, schon bald danach fertiggestellt und sofort ein großer Erfolg wurde; auch literarischer Erfolg ist schließlich eine Frage des Zeit-

---

89 Dahn: *Erinnerungen*, Bd. 4.2, S. 97.

punkts. Drei Faktoren wirkten für Dahn produktiv zusammen: Zum einen hatten sich seine Befürchtungen zu den Auswirkungen, die die Veröffentlichung des Romans auf seine künftige wissenschaftliche Laufbahn würde haben können, mit dem Ruf an die preußische Universität Königsberg im Jahre 1872 erledigt; Dahn war nun ein hochangesehener Gelehrter, der um seine wissenschaftliche Reputation nicht mehr fürchten musste. Zweitens trat 1873 Oskar von Hase, der Inhaber des Verlags Breitkopf und Härtel, an Dahn mit dem Angebot heran, künftig dessen gesamtes Werk in Verlag zu nehmen[90] – kein Wunder also, dass Dahn sich seines so lange liegengebliebenen Romans erinnerte, zumal er nun, nach Scheidung, Umzug und neuerlicher Eheschließung, auf zusätzliche Einkünfte durchaus angewiesen war. Drittens schließlich spürten Autor und Verleger genau, dass der Roman nach den Ereignissen der Jahre 1870/71 vollständig den Bedürfnissen des von patriotischer Hochstimmung und einem erneuerten Nationalgefühl getragenen Lesepublikums entsprach; nicht vor, sondern erst nach Sedan konnte dieser auf zahllosen Schlachtfeldern spielende Roman zu dem großen Erfolg werden, als welchen Autor und Verleger ihn nach ihrem 1873 geschlossenen Bündnis planten. Der Erfolg seiner Bücher, so hat Dahn selbst später konstatiert, habe seinen Grund »*nicht* in einem so ganz außerordentlichen Werth meiner Dichtungen«, sondern »in einem diesen äußerlichen, geschichtlichen.«[91] »Der Grund der Erfolge meiner Dichtungen ist, daß sie der Ausdruck des seit 1866 lebhaft ringenden, im Jahre 1870 mit Sieg gekrönten deutschen

---

90 Ebd., S. 180 ff.
91 Ebd., S. 183.

Nationalgefühls sind«.[92] Dies ist der innere Grund, weshalb der Abschluss des Romans nun so rasch realisiert werden konnte. Und das wiederum bedeutet, dass bei dem »Gottesurteil« auf dem Schlachtfeld von Sedan auch über die literarische Zukunft des Schriftstellers Felix Dahn entschieden worden war: Erst mit der Überwindung der ein Jahrzehnt währenden dichterischen Stagnation trat jener gewaltige Erfolg ein, der einer von nationalem Hochgefühl getragenen uferlosen Produktion an Romanen, Dramen, Libretti und Gedichten die Bahn brach. Der Erfolgsschriftsteller Felix Dahn wurde auf dem einzigen Schlachtfeld geboren, das er je gesehen hat; es war das Schlachtfeld, auf dem sich die Geburt des deutschen Nationalstaats vollzog.

Auf dem Schlachtfeld von Sedan also ereignete sich mit dem Griff zum Gewehr wie im Leben der Nation so auch in Felix Dahns Leben die entscheidende Peripetie: privat, politisch, wissenschaftlich, literarisch. Kein Wunder, dass er nach diesem Wendepunkt in seinem Leben wie in demjenigen der Nation Geschichte als Drama erfuhr – was ihm, der seit seinen Jugendjahren ein glühender Verehrer Friedrich Schillers war, schon dadurch erleichtert wurde, dass das einzige geschichtlich bedeutende Ereignis, das er aus der Nähe erlebt hatte, für ihn tatsächlich primär ein Schauspiel war und damit ästhetischer Schein; er nahm an der Schlacht ja nicht als Kämpfer teil. Auch mit dem Gewehr in der Hand blieb er Zuschauer eines weltgeschichtlichen Dramas, das über sein Schicksal entschied. Dramatisierung, Theatralisierung und Bildwerdung bildeten deshalb die ästhetischen Verfahren, durch die fortan Geschichte für ihn darstellbar wurde. Dramatisierung konzentriert komplexe geschicht-

---

92 Ebd., S. 184.

liche Abläufe auf wenige zentrale Akteure und deren Dialoge und gibt der Handlung einen Anfang und ein Ende; Theatralisierung erzeugt eine Dramaturgie der Affekte, zieht die Handlung in überschaubaren Räumen zusammen, stellt die erforderlichen Requisiten bereit und eröffnet so dem Zuschauer die Möglichkeit zum leichteren Verständnis der Abläufe und zur Identifikation mit den prominentesten Charakteren; Bildwerdung konzentriert die entscheidenden Situationen in Tableaus, die die historischen Prozesse in prägnanten Augenblicken einfrieren. Es sind dies die wichtigsten Darstellungstechniken aller historischen Romane Felix Dahns.

Es ist bemerkenswert, wie die Affektdramaturgie, die Requisitentechnik und der Wille zum Tableau bereits die Berichte vom Schlachtfeld prägen, die Felix Dahn seit dem 4. September 1870 an die Augsburger Allgemeine Zeitung schickte; seine Reaktionen auf das Schlachtgeschehen entsprechen in diesen Texten denjenigen, mit denen der Zuschauer den Umschwüngen einer spannenden dramatischen Handlung folgt, bei der die Requisiten – hier: preußisches Blau gegen französisches Rot – ihm immer leichte Orientierung erlauben:

> Deutlich sahen wir am Fuße des Hügels die dunkeln Reihen sich sammeln, dann in bestimmter Gliederung theilen, und nun ging es rasch, unter heftigem Schießen, den nackten Abhang hinauf; aber, o weh! wie bedeckt sich plötzlich die kahle Fläche mit dunkeln, blauen Körpern, auch größern, weißen und braunen; es sind Todte und Verwundete in großer Zahl, auch Pferde der Officiere; die Bewegung stockt, die dunkeln Reihen gehen zurück und – welche Spannung, welche Aufregung! aus dem ersten Wäldchen brechen in Masse, im Laufschritt, die Franzosen verfolgend nach; jedoch

nicht weit: starkes, rollendes Gewehrfeuer hemmt sie; genau sehen wir jetzt auch rothe Flecken auf dem Wiesenhang liegen; es sind die rothen Hosen der gefallenen Feinde.[93]

Der unvermittelte Übergang aus dem Präteritum ins historische Präsens trägt hier entscheidend bei zur Dramatisierung des Augenzeugenberichts. Auch die Mittel der Tableaubildung lässt sich Dahn schon in diesen ersten Berichten nicht entgehen:

[…] auch erfuhr ich, daß die glänzende Gruppe von Officieren, die ich oberhalb der bayerischen Batterien bei Frénois bemerkt, den König von Preußen und seinen Stab enthalten hatte. Ich wollte nun noch einen andern Theil des Schlachtfeldes sehen und stieg mit mehreren Genossen links von der Straße eine Höhe hinan, auf deren Spitze, wie wir hörten, der Kronprinz und sein Gefolge hielt; auch den Schlachtenmaler Bleibtreu […] fand ich da eifrig zeichnend sitzen, mitten unter den unabläßig in der Luft explodirenden Granaten der Franzosen.[94]

Die Begegnung des Schlachtenerzählers Felix Dahn mit dem berühmten Schlachtenmaler Georg Bleibtreu ist darstellungsgeschichtlich von schönster Symptomatik: Hier begegnen sich Virtuosen der Tableaubildung und der Dramatisierung von Geschichte, denn Bleibtreu verstand es vorzüglich, den Massenkampf in entscheidenden Episoden zu konzentrieren.

Je größer die zeitliche Distanz zu dem Schlachtgeschehen wird, umso unsicherer wird freilich auch, woran sich

---

[93] Felix Dahn: *Die Schlachtfelder von Beaumont, Mouzon und Sedan*. In: *Bausteine*. Bd. 3, S. 358.
[94] Ebd., S. 357.

der Zuschauer noch erinnert: an seine eigene Wahrnehmung des Geschehens oder an das effektsicher inszenierte Bild eines Schlachtenmalers, das ihm danach vor Augen trat. Während Dahn in dem unmittelbar nach der Schlacht entstandenen Augenzeugenbericht eingesteht, er habe sich in so weiter Entfernung zum Stab des preußischen Königs befunden, dass er erst später erfuhr, wer dort gestanden habe, erinnert er sich nur zwei Jahre später in dem Bericht *Aus den Tagen von Sedan* an dieselbe Szene mit einer Präzision, wie sie nur die Nahsicht auf ein Schlachtgemälde ermöglicht: »Auf dem Rückweg sah ich den König von Preußen, umgeben von großem Stabe; er hielt zu Roß – ein Rappe war's – auf hohem Hügel und blickte auf das schweigende Thal hernieder, in welchem eine der größten Thaten aller Zeiten sich so eben vollendet hatte.«[95] Wer so schreibt, der hat viele Schlachten- und Historiengemälde gesehen; immerhin gehörten August Monten, der Sohn des bekannten Münchner Schlachten- und Uniformmalers Dietrich Monten, und Clemens Piloty, der jüngste Bruder des gefeierten Historienmalers Carl von Piloty, eines Virtuosen theatralischer Effekte, zu Dahns engsten Schulfreunden.[96] In dieser Szene jedenfalls hat sich das auf den ästhetischen Effekt hin arrangierte Schlusstableau eines historischen Dramas vor die Faktizität der tatsächlichen Wahrnehmung geschoben, wobei der Authentizitätsanspruch des Augenzeugen, der auf dem Felde

---

95 Dahn: *Aus den Tagen von Sedan*. In: *Bausteine*. Bd. 3, S. 387.
96 Vgl. Dahn: *Erinnerungen*, Bd. 1, S. 96–103. Zum Postulat des Dramatischen in der Historienmalerei und zu Carl von Pilotys Kunst der Inszenierung, die an die Stelle der malerischen Komposition tritt, vgl. den Ausstellungskatalog *Großer Auftritt. Piloty und die Historienmalerei*. Hg. von Reinhold Baumstark und Frank Büttner. Neue Pinakothek München 2003. Frank Büttners Ausführungen zu Pilotys malerischer Inszenierungskunst (S. 53 ff.) geben deutlich zu erkennen, in welcher ästhetischen Nähe Felix Dahns Effektkunst großer geschichtlicher Auftritte zu den Bildimaginationen der Münchner Historienmalerei seiner Zeit steht.

selbst nicht einmal den König zu erkennen vermochte, nun durch die hippologische Untermauerung (»ein Rappe war's«) besonders delikat unterlaufen wird.

So wurde das große geschichtliche Ereignis, das die Wende in Dahns Leben brachte, in seiner ästhetischen Rekonstruktion zum Drama, zur theatralischen Sensation, zum Tableau. Es musste seit der Schlacht von Sedan kein Vierteljahrhundert vergehen, bis sie sich 1894 in Dahns *Erinnerungen* ganz in ein ästhetisches Ereignis verwandelt hatte. Zu dieser Zeit war Dahn schon über zwei Jahrzehnte lang, seit der Wiederaufnahme der Arbeit am *Kampf um Rom*, damit beschäftigt, in einer nicht abreißenden Reihe von Romanen Geschichte in ästhetische Sensationen, in dramatische Bilder und große Auftritte zu transponieren, und so konnte er ein Vierteljahrhundert nach der Schlacht das größte geschichtliche Ereignis, dessen Statist und Zuschauer zugleich er gewesen war, auch nur noch als ein großes, nein: als das größte Kunstwerk wahrnehmen:

> Die Geschichtschreibung und die Kunst werden die Tage von Sedan stets als das historisch und ästhetisch betrachtet reinste, rundeste, in sich abgeschlossenste Stück des großen deutschen Krieges auffassen und verherrlichen: wenn ihnen an Bedeutung für den Erfolg die Tage von Metz nicht nachstehen, das Heldenthum der Baiern an der Loire und der Werderschen Abwehr an der Lisaine an sittlicher Kraft das Gleiche leistete – : die Tage von Sedan haben den Vorzug höchster ästhetischer Vollendung: es war ein Kunstwerk des Krieges, eine makellos bis zum Abschluß durchgeführte Tragödie der Weltgeschichte im höchsten Stil, was sich da vor unseren staunenden Augen vollzog und ich Glücklicher durfte dieses Kunstwerk deutscher Feldherrnschaft mit anschauen![97]

Im Grunde bildet diese Steigerung der Schlacht von Sedan, in der sich wie das Schicksal Deutschlands so auch dasjenige Felix Dahns entschied, zu einem Kunstwerk von höchster ästhetischer Vollendung die schlüssigste Poetik des Dahnschen Werks, die er je formuliert hat. Was er in Sedan erfahren zu haben glaubte, praktizierte er fortan als Erzähler der Geschichte: ihre ästhetische Überhöhung zu Kunstwerken des Krieges und zu »makellos bis zum Abschluss durchgeführten Tragödien«, rein, rund, in sich abgeschlossen. Das ist natürlich ein klassizistisches Kunstverständnis, aber dies entsprach auch formal Dahns künstlerischem Anspruch, der Geschichte durch ihre ästhetische Gestaltung einen idealen Gehalt zu geben. Dass das Kunstwerk der Schlacht von Sedan den höchsten idealen Gehalt beanspruchen durfte, für die Nation wie für ihn selbst, daran hat er nie mehr einen Zweifel gelassen.

Wir sind Helden

Am Anfang stand das Ende. Wenn Felix Dahn seit 1874 nach zehnjähriger Unterbrechung noch die Energie aufbrachte, seinen Roman *Ein Kampf um Rom* so zu Ende zu erzählen, dass für den Leser weder ästhetisch noch konzeptionell ein Einschnitt bei der Gefangennahme des Witichis zu spüren war, bei der er 1863 innegehalten hatte, dann hatte dies seinen Grund vor allem darin, dass die Geschichte des Mannes noch nicht zu Ende erzählt worden war, um dessentwillen er das gesamte Projekt auf sich genommen hatte: die Geschichte vom heldenhaften Tod des letzten

---

97 Dahn: *Erinnerungen*, Bd. 4.1, S. 472.

Gotenkönigs Teja. Teja ist derjenige unter den Königen der Ostgoten, von dem man am wenigsten weiß; das wenige aber, das von ihm historisch überliefert ist, war auf besondere Weise dazu angetan, eine leicht entzündbare historische Einbildungskraft unauslöschlich in Flammen zu setzen. Um Tejas willen wurde Felix Dahn zum historischen Erzähler, in Teja verkörperte sich sein gesamtes Weltbild, der Name Teja war gleichsam das Konzentrat, das er zu vielen hundert Seiten historischer Erzählung aufschäumte. Teja war Dahns Identifikationsfigur, wie er zur Identifikationsfigur zahlloser (männlicher) Leser seines Romans geworden ist. Von ihm musste er erzählen, um sich das Unerklärliche erklärbar zu machen: Heldentum.

Die wichtigste Quelle zu Teja bildet die Geschichte der Gotenkriege des byzantinischen Juristen und Historikers Prokop, der allerdings die letzte Phase des Kriegs, in der sein Dienstherr Belisar als Feldherr durch Narses ersetzt worden war, nicht mehr als Augenzeuge verfolgen konnte. Im Grunde weiß Prokop deshalb auch nicht mehr von Teja, als dass dieser als enger Gefolgsmann des Königs Totila[98] nach der entscheidenden Niederlage des Gotenheers bei Taginae und dem Schlachtentod Totilas von den Goten zu ihrem König gewählt wurde. Er habe daraufhin das Einzige getan, was in nahezu aussichtsloser Lage getan werden konnte: den in Ticinum von Totila deponierten Schatz der Goten zu heben, um mit dessen Hilfe die Franken als Bundesgenossen zu gewinnen, was aber misslang, und im Übrigen das Volk um sich zu sammeln und das verbliebene Heer neu aufzustellen.[99] Teja habe dann das Heer nach Kampanien

---

98 Prokop: *Gotenkriege*. Griechisch-Deutsch ed. Otto Veh. München 1966, S. 929.
99 Ebd., S. 971 ff.

geführt und es auf dem Mons Lactarius am Vesuv Stellung beziehen lassen; als den Goten dort der Proviant ausgegangen sei, hätten sie im vollen Bewusstsein ihrer hoffnungslosen militärischen Unterlegenheit gegenüber dem byzantinischen Heer Ende Oktober 552 den Tod in der offenen Schlacht dem Hungertod vorgezogen. Was dann noch folgt, ist der größte Showdown der Spätantike; man muss Prokops Text ganz zitieren, denn aus dieser Szene hat Dahn seinen gesamten Roman und sein ganzes Weltbild entwickelt:

> Jetzt will ich berichten von einer höchst denkwürdigen Schlacht und eines Mannes Heldenmut, der, wie ich glaube, hinter keinem der sogenannten Heroen zurücksteht: Teja hat ihn damals an den Tag gelegt. Die Goten trieb ihre verzweifelte Lage zu verwegener Kühnheit, während die Römer ihnen, obschon sie ihre Raserei bemerkten, mit aller Macht Widerstand leisteten; denn sie schämten sich, vor dem schwächeren Gegner zu weichen. Und so stürmten beide Teile mit großem Mut auf die ihnen nächststehenden Gegner los, die einen entschlossen zu sterben, die anderen, ihre Tapferkeit zu beweisen. Der Kampf begann am frühen Morgen. Allen sichtbar stand Teja als erster mit nur wenigen Mannen vor der Front, den Schild vor der Brust und den Speer hoch erhoben. Bei seinem Anblick meinten die Römer, die Schlacht werde mit seinem Tode alsbald ihr Ende finden. Alle, die sich mutig zeigen wollten, und es war eine sehr große Zahl, richteten daher ihre Angriffe auf ihn, indem sie teils mit ihren Speeren nach ihm stießen, teils auf ihn schossen. Er aber fing, unter diesem seinen Schild gedeckt, sämtliche Speere auf, um dann selbst durch plötzliche Angriffe viele Gegner niederzumachen. Und sooft er seinen Schild ganz von Speeren besteckt sah, reichte er ihn einem seiner Waffenträger und nahm einen anderen. So hatte er den drit-

ten Teil des Tages ununterbrochen gekämpft. Da staken ihm zwölf Speere im Schild, und er konnte ihn nicht mehr frei bewegen und die Angreifer zurückstoßen. Schnell rief er deshalb einen Waffenträger herbei, ohne dabei seinen Platz zu verlassen oder auch nur eines einzigen Fingers Breite zurückzuweichen. Ebensowenig ließ er die Feinde näher heran oder wandte sich um, den Rücken durch den Schild gedeckt. Ja, er drehte sich nicht einmal zur Seite, sondern wie im Erdboden verwurzelt stand er mit seinem Schilde auf dem Platz, mit der Rechten tötend und mit der Linken wehrend, und rief laut den Namen seines Waffenträgers. Dieser war auch schon mit dem Schild zur Stelle, und Teja wollte ihn sogleich gegen den von Speeren belasteten vertauschen. Nur einen winzigen Augenblick war dabei seine Brust ungedeckt, als ihn zufällig ein Speer traf und ihn sofort tötete.[100]

Eine solche Heroisierung des Gegners ist in der Historiographie der Spätantike insgesamt und im Werk des Prokop im Besonderen ungewöhnlich. Prokop ist in der Regel ein nüchterner Erzähler; im Falle des Berichts über den heroischen Tod Tejas jedoch ist er es nicht. Aber weil der Leser über viele hundert Seiten hinweg gelernt hat, dem Namen, Daten, Fakten und Ereignisse weitgehend schmucklos referierenden Stil Prokops zu vertrauen, wird er auch dem Bericht über Triumph und Tod des Helden Teja glauben – umso mehr, als er von besonderer Anschaulichkeit und ungewöhnlichem Detailreichtum ist. Auf der anderen Seite zwingen gerade diese literarischen Qualitäten dazu, die Glaubwürdigkeit des Berichts eines Mannes, der nicht Augenzeuge des Geschehens war, in Zweifel zu zie-

---

100 Ebd., S. 989 ff. Für einen prüfenden Blick auf die Übersetzung sei Melanie Möller, Berlin, herzlich gedankt.

hen; an den zwölf Speeren im Schild des Teja, die in der Hitze des Gefechts niemand gezählt haben kann, überzeugt schließlich auch nur die Symbolkraft der Zahl. Tatsächlich dient Prokops literarische Monumentalisierung Tejas vor allem einem Zweck: der Markierung einer Leerstelle. Der heroische Kampf des Teja, so wollte er zeigen, konnte nur deshalb so lange währen, weil ihm kein gleichrangiger Gegner gegenüberstand und er deshalb gegen eine kopflose Truppe kämpfte. Der in den Diensten Belisars stehende Prokop wollte, mit anderen Worten, dessen Rivalen Narses, den Sieger über die Goten, als militärischen Zwerg in die Geschichte eingehen lassen, indem er ihn am Ende der Gotenkriege noch einmal an einem Riesen maß, und da dies nicht Belisar sein konnte, war es eben Teja: hier unvergleichliches Heldentum, dort militärische Impotenz. Deshalb gönnte sich Prokop im letzten Satz seines Berichts über den Tod des Teja noch eine besonders raffinierte kleine Infamie, indem er Teja »zufällig« in einem Augenblick der Schutzlosigkeit durch einen Speer sein Ende finden lässt. Nicht überlegene Feldherrnkunst also, sondern der Zufall hat den großen Gegner des Narses gefällt: Prokops Bericht über den Tod des Teja ist ein Meisterwerk der erzählerischen Heroisierung und der politischen Infamie zugleich.

Felix Dahn freilich hat nie am Wahrheitsgehalt von Prokops Bericht über Tejas Heldentod gezweifelt; im Gegenteil, 1861 im 2. Band der *Könige der Germanen*, der die Geschichte der Ostgoten erzählt, gab er das »edle Zeugnis« des byzantinischen Historikers in freier Übersetzung in nahezu vollem Umfang wieder,[101] und in der philologi-

---

101 Dahn: *Die Könige der Germanen*, Bd. 2, S. 226 f.

schen Detailanalyse seiner Prokop-Monographie hielt er sich 1865 an dessen monumentalisierendes Bild der »heroischen Verzweiflung, mit welcher der gewaltige Teja die große Tragödie zu Ende kämpft«.[102] Jeder Zweifel an Prokops Bericht war für ihn ausgeschlossen; er repräsentierte für Dahn geschichtliche Wahrheit im Sinne der Faktizitätsansprüche des Historikers, weil er für ihn zugleich wie kein anderes historisches Zeugnis die Wahrheit seines tragischheroischen Verständnisses von Geschichte bezeugte. Von dieser heroischen Schlussszene aus hatte er seit der Adoleszenz sein gesamtes Weltbild und so auch den Roman aufgebaut, mit dessen Niederschrift er im Alter von 23 Jahren begann.

Nur ein Detail von Prokops Bericht weigerte er sich lebenslang, zur Kenntnis zu nehmen: dass es der Zufall gewesen sei, der den Speer in die Brust des Teja gelenkt habe. Den Zufall hat Reinhart Koselleck als »Motivationsrest in der Geschichtsschreibung« bezeichnet;[103] der Zufall ist jedoch zugleich die Lücke, durch die die poetische Imagination in den Zusammenhang der überlieferten Fakten eindringt, um so lange zwischen ihnen zu wuchern, bis es diese Lücke und damit den Zufall nicht mehr gibt. Dass es ein Zufall gewesen sei, der Teja fällen konnte, war für Dahn ausgeschlossen; für ihn war dieser Tod im Gegenteil höchste Notwendigkeit. Um die Notwendigkeit von Tejas Tod und damit die Notwendigkeit des tragischen Heroismus in der Geschichte begründen zu können, musste er *Ein Kampf um Rom* erzählen; es bedurfte vieler hundert Seiten, um

---

[102] Dahn: *Prokopius*, S. 408.
[103] Reinhart Koselleck: *Der Zufall als Motivationsrest in der Geschichtsschreibung.* In: *Vergangene Zukunft. Zur Semantik geschichtlicher Zeiten*. 4. Auflage. Frankfurt am Main 2000, S. 158–175.

Kontingenz narrativ in Providenz im Sinne geschichtlicher Notwendigkeit zu überführen. Er war davon überzeugt, dass der Gotenkönig selbst vom Bewusstsein der Notwendigkeit seines tragischen Todes durchdrungen war; erst das machte ihn für Dahn zum größten Helden. Um dies begründen zu können, musste der Roman zu Ende erzählt werden; das Ende stand tatsächlich am Anfang.

Felix Dahns Identifikation mit der seelisch düstersten Figur seines Romans war abgründig. Er hat auch in seinen späten Jahren nie einen Zweifel daran gelassen: Teja, das war er selbst, war sein Ideal-Ich, ein Rollenmuster für sein gesamtes späteres Dasein. Natürlich bot Prokops monumentaler Entwurf eines Superhelden, der sich allein einem gewaltigen Heer entgegenstellt, alle Speere auf sich zieht und mit dem Schwert in der Rechten Stunde um Stunde die Reihen seiner Gegner niedermäht, einer infantilen Einbildungskraft hinreichend Stoff zur Identifikation, aber dies war keineswegs das Wichtigste; entscheidend für Dahn war vielmehr, dass Teja im vollen Bewusstsein der Notwendigkeit des Untergangs der Goten in den Kampf zieht (in Prokops Bericht: weil die Goten es für besser hielten, »den Tod im offenen« Kampf zu suchen als zu verhungern«[104]). Erst das Bewusstsein der Unausweichlichkeit des Todes im Kampf ließ ihn für Dahn zum historischen Inbegriff wahren Heldentums werden; sein Held nimmt den Kampf nicht auf sich, um zu siegen, sondern um auf vorbildliche Weise zu sterben. Deshalb ist der wahre Dahnsche Held nach dem Muster Tejas immer eine tragische Figur; er exekutiert eine geschichtliche Notwendigkeit, ohne je zu erwä-

---

104 Prokop: *Gotenkriege*, S. 989.

gen, sich ihr in den Weg zu stellen oder ihr gar auszuweichen.

Dahn hat an der infantilen Prägung seiner Identifikation mit Teja nie verhehlt, im Gegenteil: seine Kindheits- und Adoleszenzerinnerungen lassen sich geradezu als die Geschichte der Einübung in ein Rollenmuster namens Teja lesen. Das so intelligente wie phantasiebegabte, seit frühesten Jahren alle erreichbaren poetischen und historischen Werke lesende und in der Imagination nachlebende Kind löste die Grenzen zwischen sich selbst und seinen historischen Phantasmen auf, indem es sich zu deren zentralem Akteur erhob: »ich war Hannibal oder Scipio, ich war – mit Leidenschaft – Armin, ich erstürmte Rom und ward in Busento bestattet, ich war (ganz besonders gern) König Teja auf dem Vesuv«.[105] Auffällig dabei ist, dass sich in all diesen heroischen Rollenmodellen Triumph- und Untergangsphantasmen, Allmachts- und Ohnmachtsgefühle untrennbar durchdringen; als Held attraktiv für den Knaben ist also nur, wer untergehen kann, und da niemand großartiger untergegangen ist als Teja, ist er für ihn der größte aller Helden. Lustvoll stellt Dahn die Ritter- und Heldenspiele, die er als Sechs- bis Sechzehnjähriger unermüdlich im großen Garten des elterlichen Hauses in der Münchner Königinstraße ausgefochten hat, in den *Erinnerungen* nach und lässt sie kulminieren vor einer »sehr schmalen, für den Kegel-buben bestimmten Lucke« neben der elterlichen Kegelbahn: »ganz dem durch König Teja's Heldentod berühmten Engpaß auf dem Milchberg bei'm Vesuv vergleichbar.«[106] Hier bleibt nun freilich offen, was

---

[105] Dahn: *Erinnerungen*, Bd. 1, S. 89.
[106] Ebd., S. 81.

der junge Mensch in den nachgespielten Kämpfen tatsächlich gesucht hat: wirklich den Heldentod oder nicht doch noch den Milchberg?

Denn der junge Felix Dahn bildet die Faszination für Teja in jener Phase der Adoleszenz aus, in die die größte Katastrophe seiner Kindheit fällt: die Entfremdung, Trennung und schließlich Scheidung der geliebten Eltern. Dies ist Dahns Urtrauma, und wer nach Gründen für seine seelische Paralyse in der Zeit sucht, in der sich die Auflösung seiner eigenen ersten Ehe abzeichnete, wird sie hier finden. Die tiefen seelischen Verschattungen, die er später im Roman der Figur des Teja verleiht, haben in der frühen Identifikation mit dem zum Untergang bestimmten Helden ihren Grund; als hilfloser Zeuge der familiären Katastrophe, die das Leben des Kindes zu zerstören droht, kann er sich nur dadurch retten, dass er Ohnmacht durch Allmacht kompensiert, indem er sich mit Teja gleichsetzt. Denn in Teja verbindet sich beides: die Allmacht des Helden mit seiner Ohnmacht gegenüber der Notwendigkeit, unbeirrbarer Kampfeswille mit dem Bewusstsein der Vergeblichkeit, der Zwang zum Kampf ums Überleben mit der Lust am Untergang. Die Traumata, die sich ihm in der Adoleszenz in die Seele gruben, hat Dahn in die zerrissene Seele seines Helden eingezeichnet: die Hilflosigkeit des panisch der Vernichtung des familiären Geborgenheitsraums zuschauenden Kindes ebenso wie das übermenschliche Heldentum, das die Bewältigung dieser Situation dem Kind abverlangte. Für das Kind hatte die Scheidung der Eltern kein geringeres Gewicht als die Götterdämmerung: »Mit solchem Weh und Grauen mögen die Götter in Asgardh, nachdem Odhin das letzte Geheimniß ergrübelt und ihnen mitgeteilt hatte, dem fernher, aber unaufhaltbar heran dämmernden Untergang ihrer selbst und ihrer ganzen Welt entgegen geschaut haben, wie der elfjährige Knabe seither der unentrinnbaren Selbstvernichtung *seiner* ganzen Welt.«[107] Deshalb blieb Wotan für Dahn lebenslang die glühend verehrte mythische Verkörperung des tragischen Heroismus, wie Teja für ihn dessen geschichtliche Verkörperung war, und deshalb hat Dahn auch, bei aller Verehrung für Richard Wagner, den sich im *Ring des Nibelungen* müde dem Ende entgegen palavernden Wotan als unheldisches Gegenbild zu seinem eigenen Verständnis Wotans verworfen. Denn schon das Kind hatte das familiäre Schicksal als eine vernichtende Notwendigkeit erfahren, die es heroisch auszuhalten galt.

Dahn erinnert sich intensiv daran, wie ihn als Knabe, noch in der Zeit vor der Trennung der Eltern, immer wieder »eine tiefe Schwermuth, eine wehmuthvolle Trauer« ergriff,[108] die sich »im tiefsten Kerne« seines Wesens zum Schmerz um alles zum Untergang bestimmte Leben verdichtet und ihn schon in frühen Jahren zum Zweifel an der christlichen Offenbarungstheologie geführt habe; dies sei der »Keim« gewesen, »aus welchem König Teja und Odhins Nornengang« sich in seiner poetischen Imagination entwickeln konnten.[109] Ob Götterdämmerung oder Tejas Kampf auf dem Mons Lactarius, beides gewinnt im Zusammenbruch des Elternhauses sein alles Weltvertrauen erschütterndes strukturelles Urbild: »die Furcht, daß Alles zusammenbrechen könne, nachdem das Aelternhaus versunken und verdämmert, war daher die grausamste Wir-

---

107 Ebd., S. 288.
108 Ebd., S. 137.
109 Ebd., S. 140.

kung jenes Sturzes gewesen.«[110] Teja war deshalb von Anbeginn für Dahn sehr viel mehr als nur ein Held, er war, seit er ihn entdeckt hatte, eine Weltanschauungsfigur: »Ich war noch nicht zwölf Jahre alt, als mich der Untergang des Heldenkönigs *Teja* und seiner Gothen am Vesuv mit traurigen, schmerzvollen Zweifelfragen erfüllte. Den Sommernachmittag hindurch vertheidigte ich selbst als König Teja, im Adlerhelm und mit der langschaftigen Streitaxt und dem schwer zerhackten Schild, den Engpaß am Milchberg – die Schmalpforte der Kegelbahn – mit grimmen Hieben gegen die speertragenden Leibwächter des Narses – den Zenger- und den Monten-Gustel«;[111] abends aber stürzte ihn das Schicksal Tejas in jene radikalen Zweifel an der Existenz Gottes, seiner Gerechtigkeit und der Unsterblichkeit, die ihn später zum Atheismus bekehren mussten. Diese Konstellation aus Heldenspiel und Seelenzweifel ist so pubertär, dass man dieser Erinnerung wohl wird vertrauen dürfen. Entscheidend freilich ist, was Dahn später schriftstellerisch aus ihr gemacht hat: Er hat seine Lebensproblematik auf eine Figur übertragen, die nicht nur die Tragik des Daseins, sondern auch deren heroische Bewältigung zu verkörpern vermochte.

Seit der Zeit des Zusammenbruchs der Welt seiner Kindheit band Dahn alles, was seine hoffnungslose Lage an »finsterer Verzweiflung, Verzagtheit, Welt-Furcht, Welt-Flucht«,[112] vor allem aber, was an Verlustängsten die Frage, »warum erhörte der liebe Gott nicht das verzweifelte Gebet eines jammernden Kindes um die Versöhnung der

---

110 Dahn: *Erinnerungen*, Bd. 2, S. 65.
111 Dahn: *Erinnerungen*, Bd. 1, S. 230.
112 Ebd., S. 291.

Aeltern«,[113] bei ihm auslöste, an die Figur des Teja, die die Bestimmung des Menschen zum »Erliegen im Lebenskampf«[114] trotz aller heldenhaften Anstrengungen auf idealtypische Weise repräsentierte. Der junge Felix Dahn wurde von so intensiven Versagensängsten gequält, wie sie nur Hochbegabte aufbringen; ganz abgelegt hat er sie nie. Wer einen Grund für die Maßlosigkeit von Dahns Fleiß und seiner Produktivität sucht, wird ihn in dieser Versagensangst finden; der Fleiß ist der Heroismus des Gelehrten. Deshalb also »Anspannung aller Kräfte im Lernen, alleräußerstes Maß von Fleiß, alleräußerste Pflichterfüllung«[115] von Kindheitstagen an im sicheren Gefühl des Scheiterns an der eigentlichen Aufgabe, denn was immer er auch tat, das Paradies des Elternhauses vermochte er damit so wenig zu retten und zu bewahren wie Teja das Gotenreich: »Du magst dein Bestes thun an Fleiß und Ausdauer: – Sieg ist dir doch nie verheißen: nicht der frische Eichkranz, nicht der Lorber, die trauernde Cypresse ziemet deinem Helm. König Teja – : nicht mehr *sein* Beispiel brauchte ich, um schuldlosen Untergang zu ahnen – : ich selbst war mir ein König Teja geworden, dem das Erliegen vorbestimmt vom Schicksal.«[116]

Hier also steht es: »Teja, das bin ich!« Dahns Identifikation mit einem seelisch verdüsterten Helden war das Ergebnis einer so tiefen psychischen Verstörung, dass er selbst sie als Erkrankung bezeichnete: »Der Krankheitsprozeß meiner Seele hatte folgenden Ursprung und Verlauf: ich

---

113 Ebd., S. 290.
114 Ebd., S. 295.
115 Ebd., S. 294.
116 Ebd., S. 292.

ahnte mein Erliegen im Lebenskampf mit so fatalistischem Unheilsglauben, wie ich ihn später meinen Lieblingshelden Teja und Odhin in die dunkeln Seelen gelegt habe.«[117] Dahn stellte seine bis an den Rand der seelischen Erkrankung gesteigerten Verlust- und Versagensängste dadurch auf Dauer, dass er ihnen in den Lieblingshelden seines Werks Gestalt verlieh, und er steigerte zugleich seine psychische Gebrochenheit zur Ideologie, indem er diese Gestalten zu Weltanschauungsfiguren erhob. Während er selbst sich den »Krankheitsprozeß« seiner Seele damit vom Halse zu schaffen vermochte, dass er ihn in der Geschichte vom Leben und Sterben des Königs Teja fiktionalisierte, lud er doch Generationen von Lesern dazu ein, ihre eigene seelische Problematik in dessen psychischer Gebrochenheit zu spiegeln und die Lösung ihrer Probleme in dem von Teja repräsentierten untergangsverliebten tragischen Heroismus zu suchen, den Dahn als seine Weltanschauung festschrieb. Mit seinen psychisch verschatteten Helden übte Felix Dahn Generationen von Lesern über zwei Weltkriege hinweg in einen Heroismus aus seelischer Schwäche und in eine aus der Versagensangst geborene Lust am Untergang ein.

Seine »tragisch-heroische Weltanschauung« hatte der junge Dahn aus Prokops Bericht über den Tod Tejas entwickelt, um sie danach als leicht überschaubares ideelles Fundament seinem ganzen Leben und seinem gesamten Werk zugrunde zu legen: »Tief *tragisch*, heroisch, aber nicht pessimistisch, ward und blieb bis heute meine Weltanschauung.«[118] Der 1858 aus der Arbeit an den *Königen der Germanen* erwachsene Plan zu einem Roman über den Unter-

---

117 Ebd., S. 295.
118 Dahn: *Erinnerungen*, Bd. 3, S. 364.

gang des Gotenreichs in Italien verband sich von Anbeginn mit der Absicht, »diese Weltauffassung dichterisch durchzuführen«: »Eine erschütternde, eine unvergleichlich großartige Bewährung meiner tragisch-heroischen Welt- und Geschichts-Auffassung trat mir hier in einer geschichtlich-wirklichen Tragödie entgegen«.[119] Damit schließt sich der Kreis: Die aus dem Tod Tejas abgeleitete Weltauffassung fundiert den vierbändigen Roman, um an dessen Ende den von Anbeginn angestrebten Effekt erzielen zu können: erzählerisch den Tod Tejas vom Zufall zu befreien und ihn als höchste geschichtliche Notwendigkeit ästhetisch zu rechtfertigen. Das gewaltige Schlachtenpanorama wird ideell nur von diesem tragischen Heroismus zusammengehalten; deshalb steht auch am Anfang schon fest, was am Ende geschichtlich eintritt. Es bestätigt den Charakter Tejas als allegorischer Repräsentationsfigur einer Weltanschauung, dass er es ist, der am Anfang bereits dies Ende kennt und es vorhersagen kann; er formuliert damit nur das tragische Weltbild, das er verkörpert.

Ort, Tageszeit und Wetter der berühmten Anfangsszene von *Ein Kampf um Rom* sind allegorisch durch und durch. Der junge Autor, der sie geschrieben hatte, als er noch nicht in Ravenna gewesen war, strebte keine Ähnlichkeit zwischen dargestellter und realer Landschaft an, wie schon daran zu erkennen ist, dass er sie auf einem Höhenzug westlich von der Stadt, aber mit Blick auf Ravenna und Adria stattfinden lässt, den es nicht gibt. Dahn hätte dies leicht ändern können, nachdem er die reale Topographie seines Romans 1862 beim ersten Besuch Ravennas kennengelernt hatte, aber es ging ihm nicht um geographische Prä-

---

119 Ebd., S. 361 f.

zision, sondern darum, die Kulissen einer historischen Bedeutungslandschaft aufzustellen, die sein tragisch-heroisches Weltbild illustrieren. Deshalb stampft er zunächst einen Berg aus dem Sumpfland um Ravenna empor, weil sich von oben der Blick über große geschichtliche Zusammenhänge eröffnet und die Höhe des Orts die ideelle Suprematie der fünf Männer repräsentiert, die der Schiller-Verehrer dort in den ersten beiden Kapiteln ihren dem Rütlischwur nachempfundenen Blutsbrüderbund schließen lässt – wie andererseits die Nichtigkeit ihrer römischen Feinde sich schon daran erweist, dass Dahn sie im 3. Kapitel in den Katakomben zusammenführt; typologisch schlägt unter solchen topographischen Konfrontationen die Polarität von Götterversammlung im Olymp und Höllenkonzil im Hades hervor, wie sie zur Geschichte des Epos seit seinen antiken Ursprüngen gehört. Dann wirft der effektbewusste Sohn eines Schauspielerehepaars die Gewittermaschine an: Dichtes Gewölk, ferne Blitze über Ravenna, die schwüle Sommernacht kündigen geschichtsklimatisch das kommende Unheil an. Der vom Wind umtoste zerfallende Tempel des Neptun als Treffpunkt der fünf gotischen Helden schließlich repräsentiert das Ende der Spätantike, und der Spezialeffekt, mit dem Dahn den Sturm der Geschichte eine Platte aus dem getäfelten Dach des Tempels lösen und auf den Marmorstufen zerspringen lässt, eröffnet ihm überdies noch die Möglichkeit zu einer geschichtssemantischen Übercodierung: »Vorboten von dem drohenden Einsturz des ganzen Gebäudes«.[120] Das meint einerseits den Einsturz des Tempels selbst, der, worauf der Erzähler auf der ersten Seite des Romans hinzuweisen nicht ver-

---

[120] Dahn: *Ein Kampf um Rom*, Bd. 1, S. 4.

säumt, zur Erzählzeit längst erfolgt ist, und bezeichnet andererseits allegorisch den drohenden Einsturz des gotischen Staatsgebäudes, zu dessen Rettung die fünf Akteure, die nun die Szene betreten, zusammenkommen. Im Grunde braucht keiner von ihnen mehr etwas zu sagen, denn die allegorische Landschaft hat alles schon festgelegt: Das drohende Unheil wird bald über den Gotenstaat hereinbrechen und dessen morsches Gebäude zerschmettern; das Ende liegt im Anfang.

Wenn dennoch der alte Hildebrand mit Totila, Hildebad und Witichis Pläne zur Abwehr der sich abzeichnenden Gefahren schmiedet, zeigt dies nur, dass er die Zeichen der allegorischen Geschichtslandschaft, die sein gewaltig mit dem Zaunpfahl winkender Autor um ihn aufgestellt hat, nicht zu lesen versteht. Nur der fünfte im Bunde, Teja, schweigt, weil er als allegorische Figur mit seiner Botschaft identisch ist; es genügt, seine finstere Gestalt anzusehen und in sein »geisterhaft bleiches Antlitz, das fast blutleer schien«, zu blicken, in seinen »großen, melancholischen dunkeln Augen voll verhaltner Gluth« zu lesen und den seinem Mund eingegrabenen »Zug resignirten Grames« zu registrieren,[121] um zu wissen, was Teja zu sagen hat. Als er doch von Hildebrand zu sprechen aufgefordert wird, kann er nur das wenige sagen, was er ohnehin allegorisch bedeutet: »Hildebad und Totila sehen nicht die Gefahr, du und Witichis, ihr sehet sie und hoffet, ich aber sah sie längst und hoffe nicht.« Nicht diese Hoffnungs- und Illusionslosigkeit allein lässt Teja zur Weltanschauungsfigur des tragischen Heroismus werden, sondern erst seine Bereitschaft, nicht trotz, sondern wegen der Unausweichlichkeit der Nieder-

---

121 Ebd., S. 7.

lage den Kampf bis zum Untergang zu kämpfen: »Kämpfen wollen wir, daß man es nie vergessen soll in allen Tagen: kämpfen mit höchstem Ruhm, aber ohne Sieg. Der Stern der Gothen sinkt.«[122] Damit formuliert er die Leitmaxime des tragischen Heroismus und zugleich die Notwendigkeit des Romans, der diesen Heroismus propagiert, indem er die Erinnerung an den tragischen Kampf um Rom bewahrt: »daß man es nie vergessen soll in allen Tagen«.

Teja exekutiert, wann immer er auftritt, frag- und illusionslos den Willen der Geschichte auf die Weise, die den größten Ruhm einträgt. Er realisiert damit den tragischen Heroismus als Prinzip der Geschichte; die Konsequenz, mit der er vorgeht, lässt ihn zum Prototyp des Terminators werden, der unbeirrbar alles aus dem Wege räumt, was sich ihm entgegenstellt. Das Geheimnis, das ihn bei diesem tödlichen Geschäft umgibt, resultiert daraus, dass jenseits des Willens zum Heroismus seine Motive vorerst im Verborgenen bleiben. Denn so wie er einerseits seelenlos mit der Zuverlässigkeit, Konsequenz und Vorhersagbarkeit einer Tötungsmaschine als Exekutor der auf den Untergang zusteuernden geschichtlichen Dynamik operiert, so ist er doch andererseits die seelisch gebrochenste, rätselhafteste und unzugänglichste Gestalt des Romans. Allegorien haben keine Seele, Teja aber hat eine, und sie ist so verletzt, dass er nur im Panzer der Allegorie weiterzuleben vermag.

Felix Dahns »Ich bin Teja« hat dem Helden eine doppelte Krankheit zum Tode auferlegt, die ihn doppelt hellsichtig macht für die Notwendigkeit der Niederlage. Beide Motive für die Hoffnungslosigkeit des Helden sind verankert in den Traumata der Adoleszenz seines Autors. Die

---

122 Ebd., S. 15.

Strategie der Kompensation von Ohnmacht durch Allmacht, die den jungen Dahn zur Identifikation mit Teja geführt hat, strukturiert die Szene im 9. Kapitel des 2. Buchs, in der Teja am Hof von Ravenna den römischen Präfekten Cethegus, seinen und aller Goten Gegenspieler, vor dem jungen König Athalarich des Hochverrats anklagt, Cethegus aber Tejas Anklage und Zeugenaussage zurückweist mit dem Argument, Teja sei ein aus einer illegitimen Ehe stammender Bastard; das schließe auch den ihm von Teja daraufhin angebotenen Zweikampf mit dem Schwert als »Gottesgericht«[123] aus. Dies ist die einzige Szene im Roman, die Teja in vollständiger Ohnmacht zeigt, und die Ohnmacht hat ihren Grund ausschließlich darin, dass ihm seine Eltern genommen worden sind: »Er ist nicht unbescholten: seine Eltern lebten in nichtiger, blutschänderischer Ehe: sie waren Geschwisterkinder, die Kirche hat ihr Zusammensein verflucht und seine Frucht«.[124] Die Ohnmacht des Teja entspricht der Ohnmacht des Kindes, das verzweifelt dabei zuschauen muss, wie es in aller Öffentlichkeit seine Eltern verliert, und dabei das Gefühl seiner legitimen Existenz einbüßt; wer so etwas überstehen will, muss sich durch Allmachtsphantasien zum Helden härten. So übertrug der junge Felix Dahn seine Lebensproblematik auf seinen Lieblingshelden, indem er ihn zu einem Menschen machte, dem die Eltern geraubt wurden und der diesen Verlust nie verwunden hat, und stattete ihn mit der Hoffnungslosigkeit des Kindes aus, das die Katastrophe nicht aufhalten konnte, und mit dem Heldentum desjenigen, der dennoch gegen alle Verlust- und Versagensängste

123 Ebd., S. 171.
124 Ebd., S. 170.

weiterlebte. Erst diese doppelte Übertragung von Ohnmacht und Allmacht des Autors auf den seelisch verdüsterten Helden ließ ihn als allegorischen Repräsentanten des tragischen Heroismus, der die ideelle Grundlage des Romans bildet, psychologisch plausibel werden.

Dass Cethegus öffentlich Teja die Eltern nimmt, ist deshalb auch keineswegs ein Nebenmotiv des Romans. Denn dass Cethegus den Zweikampf mit dem »Bastard« Teja verweigert, eröffnet erst die Perspektive auf den finalen Showdown: »›Geduld‹, sprach Teja und stieß das halb gezückte Schwert leise in die Scheide zurück. ›Geduld, mein Schwert. Es kömmt dein Tag.‹«[125] Das wird der Tag auf dem Mons Lactarius sein, an dem auf den letzten Seiten des Romans Teja und Cethegus aufeinandertreffen, um in grandioser Überbietung der von Prokop überlieferten Todesszene sich im Zweikampf wechselseitig zu töten. Genau dies ist dann auch das von Teja schon in Ravenna ersehnte »Gottesgericht«, das den Zufall in Prokops Bericht über den Tod Tejas auslöscht: Denn sterben müssen beide, der Römer wie der Gote, weil es die von Cethegus ersehnte Erneuerung des römischen Reichs nicht geben kann und das Reich der Goten zum Untergang verurteilt ist, danach aber die Byzantiner für zwei Jahrzehnte in Italien herrschen werden. So ergibt sich über das früh in den Roman eingespielte Motiv der Bastardisierung, das der psychologischen Plausibilisierung der Figur Tejas dient, zugleich eine strukturelle Klammer für den gesamten Roman, die dessen ideelle Überhöhung absichert.

Wie wichtig Dahn das Motiv des Verlusts der Eltern für die Begründung von Tejas Heroismus war, zeigt sich im

---

125 Ebd., S. 171.

4. Buch des Romans, das den Namen des so raffgierigen wie verräterischen Königs Theodahad trägt. Gleich im 2. Kapitel gibt Teja Witichis einen Bericht darüber, mit welchen Mitteln die katholische Kirche auf die Anzeige eines Unbekannten hin die Auflösung der Ehe seiner Eltern wegen Blutschande – die Mutter war die Cousine ihres Mannes – betrieben hatte und wie beide Elternteile in Wahnsinn und Tod zugrunde gegangen und die elterlichen Güter in die Hände der Kirche gefallen seien; Teja sei daraufhin von Hildebrand »entdeckt«[126] worden und habe somit, seiner Eltern beraubt, seine Karriere als Held beginnen können. Im 3. Kapitel erfährt der Leser aus einem Gespräch mit König Theodahad, dass dieser selbst es war, der den Prozess mit einer anonymen Anzeige ins Werk gesetzt hatte, um sich die Ländereien der Eltern Tejas billig anzueignen. Im Schlusskapitel des 4. Buches werden Teja nach der Wahl des Witichis zum Gotenkönig Dokumente zugespielt, aus denen zweifelsfrei hervorgeht, dass Theodahad ihn seiner Eltern beraubte: eine Nachricht, die ihm Gelegenheit zur unverzüglichen Bewährung seines Heldentums gibt, indem er dem entflohenen König nachsetzt und ihn tötet. Der Held, um dessentwillen Dahn seinen Roman erzählt, trägt also ein familiäres Trauma, und dies – nicht spätere Erfahrungen in der Schlacht – war es, was seine tragisch-heroische Weltauffassung geprägt hat. Er trägt deren Grundzüge Witichis vor, ehe er ihm die tragische Geschichte seiner Eltern berichtet, und formuliert dabei so allgemein und abstrakt, dass für den Leser unklar bleibt, wer hier eigentlich spricht, Teja oder der Autor, der mit seinem Helden die gleichen Erfahrungen und Einsichten teilt:

---

126 Ebd., S. 15.

> Und wer einmal gleich mir den unbarmherzigen Rädergang des Schicksals verspürt hat, wie es, blind und taub für das Zarte und Hohe, mit ehrner grundloser Gewalt Alles vor sich nieder tritt, ja, wie es das Edle, weil es zart ist, leichter und lieber zermalmt, als das Gemeine, wer erkannt hat, daß eine dumpfe Nothwendigkeit, welche Thoren die weise Vorsehung Gottes nennen, die Welt und das Leben der Menschen beherrscht, der ist hinaus über Hülfe und Trost: er hört ewig, wenn er es einmal erlauscht, mit dem leisen Gehör der Verzweiflung den immer gleichen Tactschlag des fühllosen Rades im Mittelpunct der Welt, welches gleichgültig mit jeder Bewegung Leben zeugt und Leben tödtet.[127]

Die zentrale Kategorie, die Dahn an dieser Stelle Teja in den Roman einbringen lässt, ist die der Notwendigkeit, die von hier an in Dahns Gesamtwerk jeden Vorsehungsglauben durch einen heroischen Fatalismus ersetzt. Wenn Teja die Notwendigkeit »blind und taub für das Zarte und Hohe« nennt, deutet dies voraus auf die Enthüllung des zweiten Motivs für sein hoffnungsloses Heldentum, die allerdings erst viele hundert Seiten später im 32. Kapitel des 6. Buches und damit kurz vor seiner Wahl zum König erfolgt. Auf die Details der kruden Novelle, die er dort erzählt, braucht man sich nicht einzulassen; wichtig ist allein ihre Struktur: Der jugendliche Held gerät aufgrund unglücklicher Umstände in die Sklaverei, verliebt sich in die Tochter seines griechischen Herrn, beschließt mit ihr gemeinsam die Flucht und erschlägt sie aufgrund eines unglücklichen Versehens unmittelbar vor dem Aufbruch. Damit misslingt Tejas Versuch, den mit dem Verlust der Eltern eingetretenen Liebesverlust durch die Verbindung

---

[127] Dahn: *Ein Kampf um Rom*, Bd. 2, S. 11 f.

mit einer Geliebten zu kompensieren, und die Schuld daran trägt ausschließlich er selbst. So kolportagehaft unrealistisch diese Geschichte auch ist, erneut tritt durch die mit ihr gelieferte Motivation von Tejas seelischer Gebrochenheit und ihrer weltanschaulichen Objektivierung die psychische Disposition des jungen Dahn hervor, der sich Teja zum Rollenmodell seiner eigenen problematischen Existenz erkor.

Dahn erzählt in den *Erinnerungen* ausführlich die Geschichte seiner Jugendliebe zu einem liebreizend-seelenschönen Mädchen, zu dem er sich sieben Jahre lang hingezogen fühlt und dem er täglich zu begegnen sucht, ohne es doch je anzusprechen, es sei denn in den zahllosen Gedichten, die er auf sie schreibt, ohne diese jemals aus der Hand zu geben. Das ist natürlich eine spätpubertäre Variante des Beatrice/Laura-Modells und wäre nicht weiter erwähnenswert, wenn diese Liebe dem jungen Dahn nicht die Möglichkeit geboten hätte, den Verlust der familiären Geborgenheit imaginär durch die Simulation eines idealen Seeleneinklangs auszugleichen. Um den Einklang nicht zu gefährden, spricht er die Geliebte nie an und enthebt sie überdies der Realität, indem er ihr den gräzisierenden Namen Didosa gibt. Die Überidealisierung der Angebeteten ist die bewährteste Strategie, um die Liebe daran zu hindern, Wirklichkeit zu werden – im Grunde ein Tötungsakt wie bei Dante und Petrarca. Wichtig ist auch hier wieder das bleibende schriftstellerische Resultat: »der ideale Hauch jener Frauenvergötterung«, die sich auf vielfache Weise in Dahns Werken breit macht, in komplementärer Entsprechung allerdings zu jener abgründigen Frauendämonisierung, mit der er Rache übt an der kalt sich ihm entziehenden Mutter: beginnend mit Theoderichs Tochter, der so machtbewussten wie intellektuellen Königin Amalaswintha, dem »kalten Weibe«[128], das er im 2. Band auf besonders aufwendige und lustvolle Weise erzählerisch hinrichtet, und keineswegs endend mit der Frankenkönigin Fredigundis, die er 1886 zur Titelheldin eines Romans von profunder Misogynie macht.

Aber nicht allein die Dämonisierung, auch die Idealisierung des Weiblichen zeitigt bei Dahn tödliche Konsequenzen. So im *Kampf um Rom*, beginnend mit Camilla, der Geliebten des jungen Königs Athalarich, und wiederum keineswegs endend mit Myrtia, der Geliebten Tejas. Die Überidealisierung ist wie bei Didosa auch im Falle Myrtias die bewährte Strategie Dahns, eine Liebe sich nicht erfüllen zu lassen: »Ich kann sie nicht schildern: golden ihr Haar, golden ihr Auge, golden ihr Herz.«[129] Teja erschlägt sie also bereits damit, dass er sie in ein lebensfernes Ideal verwandelt; was dann noch in seiner traurigen Geschichte geschieht, ist nur die finale Exekution eines wirklichkeitsfremden Glücksversprechens, denn Ideal und Wirklichkeit passen nun einmal nicht zusammen. So liquidiert Teja selbst die Glücksansprüche, die der Verlust der Eltern bei ihm schmerzhaft offengehalten hatte, ohne danach je wieder mit dem Gedanken an Glück zu spielen. Die Intrige, die ihn um seine Eltern brachte, hat eine seelische Unheilsdynamik in Gang gesetzt, die Teja nur damit bewältigen kann, dass er ihr einen Sinn verleiht, indem er sie zur Weltanschauung objektiviert, deren Gott die Notwendigkeit ist: »diesen meinen Gott muß man erlebt haben in den Todesschmer-

---

[128] Dahn: *Ein Kampf um Rom*, Bd. 1, S. 118
[129] Dahn: *Ein Kampf um Rom*, Bd. 4, S. 309.

zen des zuckenden Herzens.«[130] Die erzählerische Konsequenz der Idolatrie eines erbarmungslosen Schicksals ist die Verherrlichung des Untergangs, auf den das Heldentum des Romans spätestens am Vesuv hinausläuft: »Edelsinn und Edelart und Heldenthum kann immer den Untergang weihen, verherrlichen, nicht aber immer ihn wenden. / Und nur das ist der letzte Trost: nicht *was* wir tragen, *wie* wir's tragen verleiht die höchste Ehre und oft gebührt der Lorber nicht dem Sieger, mehr dem besiegten Helden.«[131] Stärke aus Schwäche, Allmacht aus Ohnmacht: das ist die Essenz von Felix Dahns Heroismuskonzept. Das Heldentum seines Romans ist ein Heroismus gebrochener Charaktere, ein Heldentum aus dem Geist der leistungs- und aufstiegsorientierten bürgerlichen Kleinfamilie, die von inneren Spannungen zerrissen wird, vom Zusammenbruch bedroht ist und traumatisierte Seelen hinterlässt, die darauf angewiesen sind, ihre seelische Gefährdung durch heroische Überforderung zu kompensieren. Das neue Kaiserreich hat sich in diesen präfreudianisch gebrochenen Helden wiedererkannt: Seelenschwäche, Unsicherheit, psychische Instabilität, Überforderung durch die eigenen ideellen Ansprüche, die seit dem 1. September 1870 mit Hilfe von Allmachtsphantasien eines präpotenten Militarismus überspielt werden können und durch Härte gegen sich selbst und eine Heldenverehrung ausgeglichen werden, durch die doch immer die seelisch-sittliche Instabilität hindurchschimmert.

130 Ebd., S. 305.
131 Ebd., S. 29.

Tod und Verklärung

Es ist schwer, auf Dauer mit der causa victa zu paktieren, und wenn die Lust am Untergang sich erschöpft, lockt als Rettungsmittel die Ideologie. Auch Felix Dahn war als Schriftsteller dem ideellen Anspruch seines finstersten Helden nicht gewachsen; er hat dessen tragischen Heroismus, zu dem sich zu bekennen er zeitlebens nicht müde wurde, nicht ausgehalten und ihn verraten für die gängigste ideologische Münze, die die Epoche bereithielt: den Nationalismus. Die Gründe hierfür sind wiederum auf dem Schlachtfeld von Sedan zu finden.

Die Spannung der historischen Konzeption von Dahns Roman resultiert aus dem an den komplexen politischen Realitäten des 19. Jahrhunderts orientierten klugen Einfall, den auszutragenden historischen Konflikt nicht bipolar zu konstruieren, sondern drei geschichtliche Akteure in einem Kräftedreieck aufeinander zu beziehen, die jeweils sehr unterschiedliche politische Interessen verfolgen: zum einen die Italien von Ravenna aus beherrschenden Goten, repräsentiert durch ihre rasch wechselnden Könige, zum anderen das an der Einheit von Ost- und Westreich festhaltende Byzanz, repräsentiert durch Kaiser Justinian und dessen Gattin Theodora, Urbild für Dahns später immer wieder eingesetzte Strategie der Sexualisierung von Geschichte, zum Dritten schließlich Rom mit seinen im Grunde längst erloschenen imperialen Ansprüchen, die sich dennoch in der fiktiven Figur des Präfekten Cethegus energisch zu erneuern suchen. An der geschichtlichen Wirklichkeit geht dieser narrative Aufbau eines Kräftedreiecks vorbei, denn in ihr spielten die alten römischen Machteliten im Konflikt zwischen den Goten und Byzanz um die politische Einheit von Ost- und Westreich nur eine Nebenrolle; erzählerisch aber resultiert aus diesem politischen Dreieck die ganze Spannung des Romans, denn zum Kampf um Rom wird der Konflikt zwischen Ravenna und Byzanz nur, weil Dahn einen geschichtlichen Akteur einführt, den es nicht gab: Cethegus, den Präfekten von Rom, die eindrucksvollste Figur, die er je erfunden hat.

Erzählerisch hatte Dahn bei der Ausgestaltung dieser Figur freie Hand, denn Prokop erwähnt zwar einmal einen römischen Patrizier Cethegus, aber mehr, als dass dieser Princeps des römischen Senats gewesen sei und unter dem Verdacht stand, Verrat an dem von Belisar geführten byzantinischen Heer zu planen, weiß der Historiker von ihm nicht.[132] Das gab Dahn die Möglichkeit, die von historischen Vorgaben unbefrachtete Figur nicht nur zu der monumentalsten, sondern auch zu der im politischen Sinne modernsten Gestalt seines Romans auszuformen. Cethegus ist das Urmodell des konservativen Revolutionärs:[133] Er will den Machtkampf zwischen Goten und Byzantinern zur Wiederherstellung des Imperium Romanum von Rom aus nutzen, es sowohl von byzantinischer Herrschaft als auch von germanischer Usurpation befreien, es zu augusteischer Größe zurückführen und den Prinzipat mit sich selbst als Princeps wiederherstellen. Seine politische Strategie hierbei ist diejenige, für die die zweite Hälfte des

---

132 Prokop: *Gotenkriege*, S. 519: »Zu dieser Zeit schöpften die kaiserlichen Befehlshaber in Rom gegen Cethegus, einen Patrizier und den Princeps des römischen Senates, den Verdacht, er sinne auf Verrat. Deshalb zog er sich nach Cetumcellae zurück.«

133 Zum Ideen-Synkretismus, den Armin Mohler mit dem Begriff der Konservativen Revolution zu homogenisieren versucht hat, vgl. Armin Mohler: *Die Konservative Revolution in Deutschland 1918–1932. Ein Handbuch*. Dritte, um einen Ergänzungsband erweiterte Auflage. Darmstadt 1989; zu dessen Dekonstruktion vgl. Stefan Breuer: *Anatomie der Konservativen Revolution*. Darmstadt 1993.

19. Jahrhunderts, unter anderem Theodor Mommsen und Jacob Burckhardt, die Kategorie des Cäsarismus eingeführt hat, also die Durchsetzung einer diktatorischen Alleinherrschaft auf der theoretischen Grundlage der Volkssouveränität und dem praktischen Fundament persönlichen Charismas nach dem historischen Vorbild Cäsars und dem aktuellen Muster Napoleons III.[134] Beide Konzepte, sowohl das der konservativen Revolution als auch dasjenige des Cäsarismus, entfalteten im 20. Jahrhundert eine beträchtliche Karriere und sicherten damit der Gestalt des Cethegus ihre fortdauernde Faszination; es wäre eine eigene literatur- und ideengeschichtliche Aufgabe, die prägende Kraft des Rollenmodells nicht etwa von Cäsar, sondern von Dahns Cethegus innerhalb der antidemokratischen Strömungen in der Weimarer Republik zu untersuchen. Dahn führt die Familiengeschichte des Cethegus auf Cäsar zurück, Cethegus sieht aus wie Cäsar, dessen Statue schmückt sein Arbeitszimmer, immer wieder versucht er das römische Volk auf das Vorbild der einstigen Größe festzulegen, und Cethegus' Charisma bewährt sich vom ersten bis zum letzten Buch ungebrochen auf allen Ebenen der Handlung: in Rom, in Byzanz, am Hof der Goten in Ravenna. Er ist furchtlos und tapfer, hochintelligent und moralisch skrupellos, enorm gebildet und machtbewusst, er spielt erfolgreich seine erotische Attraktivität in alle Richtungen aus, verfügt über schier unbegrenzte Mittel und eine eigene

---

134 Vgl. Dieter Groh: *Cäsarismus*. In: *Geschichtliche Grundbegriffe*. Bd. 1. Stuttgart 1972, S. 726–771. Einen Hinweis auf eine direkte Rezeption des konzeptgeschichtlich wichtigen Buches von Auguste Romieu bei Dahn habe ich bisher nicht entdecken können; Auguste Romieu: *L'Ére des Césars*. Paris 1850. Eine deutsche Übersetzung erschien bereits im Folgejahr: Auguste Romieu: *Der Cäsarismus oder die Nothwendigkeit der Säbelherrschaft dargethan durch geschichtliche Beispiele von den Zeiten der Cäsaren bis auf die Gegenwart*. Nach der 2. Auflage. Weimar 1851.

Söldnertruppe, die Isaurier, die ihm bedingungslos ergeben sind; er ist ein Virtuose der Geheimdiplomatie und der Intrige, und nichts bleibt ihm verborgen. Er ist, mit einem Wort, der Prototyp des die modernen Trivialmythen bevölkernden Mastermind, der mit allen Mitteln die Weltherrschaft erstrebt: von Dr. Mabuse bis Dr. No, im Falle des Cethegus freilich noch in der konservativ begrenzten Variante der Welt als Imperium Romanum. Cethegus ist der moderne Intellektuelle als absoluter politischer Akteur, und nicht zuletzt darin gründet die außerordentliche Faszination dieser Gestalt.

Daraus aber ergibt sich ein Problem nicht allein für die ideelle Tektonik von Dahns Roman, sondern auch für das von ihm propagierte Geschichtsbild des tragischen Heroismus. Allen gotischen Herrschern steht in Italien immer nur der eine Gegenspieler Cethegus gegenüber, und ihre immer wieder neu ins Bild gesetzte Heroengröße wird schon dadurch relativiert, dass die eine Person des Cethegus genügt, um sie auszuhebeln und außer Kraft zu setzen. Vom ersten bis zum letzten Buch sind es Intrigen des Cethegus, sein offener oder verborgener Widerstand, sein konspiratives Talent und seine Geheimdiplomatie, woran die Goten scheitern, und diese Asymmetrie zwischen moderner Intellektualität und heroischer Ineffizienz gefährdet die Glaubwürdigkeit von Dahns Konzept des tragischen Heroismus insgesamt. Sie tut dies nicht zuletzt deshalb, weil die Intrigantengröße des Cethegus die Idee der geschichtlichen Notwendigkeit, auf die sich Dahns Bekenntnis zum tragischen Heroismus stützt, grundsätzlich zu untergraben droht, denn wenn das Gotenreich am Ende untergeht und alle Versuche zu seiner Rettung scheitern, geschieht das im Roman nicht deshalb, weil eine unabwendbare geschichtliche Fatalität am Werke wäre, sondern weil die Strategien dieses einen Mannes so eminent wirkungsvoll sind. Wenn Dahn auch dem Historiker Prokop seine Geschichtsmaxime in die Feder diktiert: »Nicht die Gerechtigkeit, eine unsrem Denken undurchdringbare Nothwendigkeit beherrscht die Geschicke der Menschen und der Völker«,[135] so wird dieser Fatalismus doch schon dadurch relativiert, dass die Geschicke der Goten im Roman auf eine vom Leser leicht durchdringbare Weise nicht zuletzt von Cethegus »beherrscht« werden. Mit anderen Worten: Dahns erzählerische Personalisierung des Prinzips der geschichtlichen Notwendigkeit in einer Figur droht das metaphysische Geschichtsprinzip des Romans insgesamt zu unterminieren; pointiert gesagt: hätte Teja auf Seite 171 Cethegus erschlagen, säßen die Goten vielleicht immer noch in Ravenna.

Auf der anderen Seite ergibt sich aus dem Gegenspiel von gotischem Heroismus und römischem Cäsarismus die Addition zweier causae victae und damit eine Beschleunigung des gemeinsamen Untergangs. Denn wie der nach der Formel »Integration durch Separation«[136] organisierte »Doppelstaat« der Goten in Italien spätestens nach dem Tod Theoderichs bereits aufgrund der gescheiterten Nachfolgeregelung eine verlorene Sache darstellte, so konnte auch der fiktive Versuch, vom längst ins politische Abseits gestellten Rom aus in der ersten Hälfte des 6. Jahrhunderts das Imperium Romanum durch den übermächtigen Willen eines Charismatikers neu aufzubauen, von Anbeginn nur eine causa victa sein. Aber ebendies war es, was Felix Dahn

---

135 Dahn: *Ein Kampf um Rom,* Bd. 3, S. 304.
136 So hat Hans-Ulrich Wiemer Theoderichs Herrschaftsstrategie jüngst charakterisiert: *Theoderich der Große. König der Goten – Herrscher der Römer. Eine Biographie.* München 2018, bes. S. 193–252.

erzählerisch faszinierte: Die beiden großen Gegner des Romans, Teja und Cethegus, sind in Wahrheit feindliche Brüder, die auf ihre je eigene Weise den tragischen Heroismus repräsentieren, indem sie ihr ganzes Leben für ein Ziel einsetzen, das zu erreichen unmöglich ist – mit einem Unterschied freilich: Teja handelt im Bewusstsein der Vergeblichkeit, während Cethegus bis kurz vor dem Romanende an seinem politischen Traum der Erneuerung des Imperium Romanum festhält und den Showdown mit Teja erst sucht, als auch er sich von der Vergeblichkeit seines Handelns überzeugt hat. Und noch etwas trennt die beiden: Teja kämpft für sein Volk, während Cethegus für einen Staat kämpft. Die Tragik des Heroismus von Cethegus gründet darin, dass er ein Cäsar ohne Volk ist, sein gesamtes politisches Handeln also an einem Begriff des römischen Volkes orientiert, der längst der Vergangenheit angehört; es ist dies die Misere fast aller konservativen Revolutionäre. Alle seine Versuche, das Volk Roms auf das Ideal römischer Größe festzulegen, gelingen nur situativ und fallen bei der geringsten militärischen Belastung rasch wieder in sich zusammen. So bleibt Cethegus der Herrscher eines Staats ohne Volk (denn wo immer er auftritt, dort herrscht er und beherrscht die Situation), und eben hieraus resultiert seine Größe: dass er unbeirrbar an seiner großen politischen Idee festhält, auch wenn ihn das reale Volk im Stich lässt und das Staatsvolk seines Reiches allenfalls am fernsten geschichtlichen Horizont erahnbar ist.

So träumen die feindlichen Akteure auf dem realen Geschichtsboden, den sie beide werden räumen müssen, jeweils vom »neuen Reich«: Totila in seinem an die Goten und die Italier gerichteten Manifest vom »neuen Reich der Italier und Gothen, gezeugt aus italischer Schönheit und

Bildung, aus gothischer Kraft und Treue«,[137] und Cethegus vom neuen Reich des wiedererstandenen römischen Imperiums. Aber auch hier: Cethegus ist der modernere Träumer, denn er weiß, dass der Träumer und sein Traum identisch sind, dass also das neue Reich nur in ihm selbst existiert und nirgendwo sonst. In den Stunden der Eroberung Roms durch Totila ruft er sich dies ins Bewusstsein: »Rom ist Cethegus: und Cethegus ist Rom. / Nicht jene Namen-vergeßnen Römer. / Rom ist heute noch viel mehr Cethegus als – damals Rom Cäsar gewesen ist.«[138] Sein neues Reich ist also identisch mit dem, der es sich erträumt; er selbst muss das gesamte Volk des Staates ersetzen, den zu schaffen er sich vorgenommen hat. Cethegus spricht dies aus, indem er sich an die Statue des Cäsar wendet: »Soll es denn wirklich unmöglich sein, auch für deinen Enkel unerzwingbar, daß ein Mann sein Volk ersetze, bis er es erneuen, bis es sich selbst erneuen kann?«[139]

Wie modern diese Gestalt und ihre Überlegung sind, ein Volk so lange zu ersetzen, bis es ihr gelingt, es zu »erneuen« und auf dieser Basis ein neues Reich zu schaffen, kann ich vielleicht am besten dadurch verdeutlichen, dass ich mich kurz auf einen Vortrag zurückbeziehe, den ich 2002 ebenfalls in der Carl Friedrich von Siemens Stiftung gehalten habe.[140] Es ist viel 19. Jahrhundert in Stefan George, und wer sich fragt, woher die archaisierenden Begriffe in seiner Lyrik wie »Ferge« oder »Ranft« stammen, könnte

---

137 Dahn: *Ein Kampf um Rom*, Bd. 3, S. 378.
138 Ebd., S. 463.
139 Ebd., S. 464.
140 Ernst Osterkamp: *»Ihr wisst nicht wer ich bin«. Stefan Georges poetische Rollenspiele*. München 2002.

zum Beispiel nach den Werken Felix Dahns greifen und würde sie leicht dort finden. Natürlich gibt es keinen Beleg dafür, dass Stefan George jemals *Ein Kampf um Rom* gelesen hat – aber warum sollte er, der in seinen späten Jahren *Tarzan* las, nicht auch wie alle seine Generationsgenossen Dahns Roman gelesen haben? Ob er sich daran nun erinnert hat oder nicht: für den Dichter der poetischen Reichsutopie des *Neuen Reichs*, die seinem letzten Gedichtband den Titel verleiht, den Herrscher des »Geheimen Deutschland« und den Gründer eines aus einer Handvoll junger Männer bestehenden geistigen »Staats« hätte es kein besseres Rollenmodell geben können als diesen Cethegus, der sich mit einigen schlagkräftigen jungen Männern umgibt und im Übrigen das Volk erst erschaffen muss, aus dem sich sein neues Reich formen soll, den Charismatiker, der sein Volk ersetzt und mit seinem Staat identisch ist. Das Neue Reich Stefan Georges, das war er selbst, war seine Poesie, und er hat nie einen Zweifel daran gelassen, dass, solange die Erneuerung des Volks durch die Poesie nicht Wirklichkeit geworden war, er selbst vollauf hinreichte, um sein »Geheimes Deutschland« zu verkörpern. Cethegus als Dichter: hinter dem Profil des Poeten schimmern die scharf geschnittenen Züge des Präfekten von Rom hervor.

Es gehört zur Radikalität von Dahns Romankonzeption, dass das politische Kräftedreieck aus Ravenna, Byzanz und Rom in weltgeschichtlicher Perspektive eine Trias von Verlierern bildet. Denn die vom byzantinischen Feldherrn Narses gesteuerte militärische Walze, die im letzten Band des Romans das Gotenreich und die politischen Aspirationen des Römers Cethegus unter sich begräbt, plant ja den geschichtlichen Boden für ein neues Germanenreich und erkämpft bei allem äußeren Triumph nur einen Scheinsieg für Byzanz. Dahn versäumt keine Gelegenheit, in seinem Roman den hohen Anteil langobardischer Hilfstruppen unter ihrem Anführer Alboin am Sieg des Narses über die Goten hervorzukehren, also Germanen zu den eigentlichen Siegern über Germanen zu erheben. Das war zwar eine Geschichtsklitterung, aber eine für die zeitgenössischen Leser völlig transparente: Denn Dahn konnte noch mit einem Leser rechnen, der wusste, dass die Langobarden unter der Führung Alboins erst rund 15 Jahre nach dem Tod Tejas die Alpen überschritten und in kurzer Zeit Nord- und Mittelitalien eroberten, womit der byzantinischen Herrschaft über Italien für immer ein Ende gesetzt war. Mit der Einspielung Alboins und seiner Langobarden in das byzantinische Heer gestattet sich Dahn also die erzählerische Ironie, den Sieg der Byzantiner im Augenblick ihres höchsten Triumphs strikt zu befristen, indem er den Leser daran erinnert, dass die Herrschaft von Byzanz über Italien nur ein Intermezzo von knapp zwanzig Jahren umfasst, danach aber wieder Germanen die Herrschaft übernehmen. So erfüllt die Implementierung der Langobarden unter Alboin in das byzantinische Heer eine narrative Doppelfunktion: Einerseits dient sie der Bekräftigung des Prinzips des geschichtlichen Fatalismus, demzufolge nicht allein die Goten die Herrschaft über Italien verlieren müssen, sondern nach ihnen auch die siegreichen Byzantiner, wie es die Geschichte mit dem langobardischen Siegeszug bewiesen hat. Andererseits mildert sie die Effekte des tragischen Heroismus, zu dem sich der Erzähler programmatisch bekennt, indem sie ihm erzählerisch die Spitze bricht: durch den Trost für die deutschen Leser, dass nur Germanen über Germanen zu siegen befugt sind und dass es am Ende doch wieder Germanen sein werden, die die nach dem Untergang der Goten entstandene staatliche Lücke schließen, diesmal durch die Gründung des Langobardenreichs in Italien.

Ich halte es für sicher, dass dies der Schluss war, den Felix Dahn für seinen Roman in der ersten Arbeitsphase von 1858 bis 1863 geplant hatte: ein Ende also, das die Prinzipien des tragischen Heroismus und der geschichtlichen Fatalität durch den Untergang der Goten erzählerisch konsequent umgesetzt und den idolisierten Germanen zugleich durch die angedeutete translatio imperii von den Goten auf die Langobarden dennoch nichts von ihrer geschichtlichen Größe genommen hätte. Der Schluss des ab 1874 vollendeten und 1876 erschienenen Romans ist aber ein ganz anderer. Dieses Ende hat ein Autor verfasst, der sich schon in frühen Jahren an der Überwältigungsästhetik der Oper hatte schulen können, und tatsächlich dürfte es in der langen Geschichte der Rezeption dieses Romans nur wenige Leser gegeben haben, die sich der Affektdramaturgie des Schlusskapitels ganz haben entziehen können. Es ist nicht mehr ein tragisches Finale, sondern ein unerwartbares lieto fine, der glückliche Ausgang eines tragischen Geschehens, der noch wie in der höfischen Oper des Barock durch das plötzliche Auftreten eines deus ex machina bewirkt wird. Teja ist gefallen, die letzten Goten, Männer, Frauen und Kinder, sind verloren und bereiten sich auf den Tod vor – da erscheint plötzlich, historisch freilich arg verfrüht, eine Flotte aus Grönland stammender Wikinger, die im Mittelmeer auf Beutezug waren und bei dieser Gelegenheit gleich die ganze Flotte der Byzantiner gekapert haben. Es gelingt ihrem König Harald, von Narses die Freilassung der wenigen überlebenden Goten zu erwirken; sie ziehen unter Mitführung ihrer toten Könige Teja und Theoderich an Narses vorüber, der sich zuerst vor dem »größten Helden aller Zeiten«[141] – so Narses über Teja – und dann vor dem größten König ehrfürchtig verneigt. Dann besteigen bei Sonnenuntergang vor den »ehrerbietig«[142] gesenkten Fahnen ihrer Feinde die Goten die Schiffe der Wikinger, die sie nach Norden, dem Ort ihrer Herkunft und ihrer Zukunft, bringen: »nach Norden! gen Thuleland! Heim bringen wir die letzten Gothen!«[143]

Den ästhetischen Status dieses Opernfinales verschweigt Dahns Text keineswegs: »Und wahrlich, ein wunderbares, ein erschütternd großartiges Schauspiel war es –: die letzten Gothen, die dem Vesuv und Italien den Rücken wandten und die geschnäbelten Schiffe bestiegen, welche sie nach dem sichern Norden bergend davon trugen.«[144] Solch eine Szene ist nur mit musikalischer Begleitung vorstellbar; deshalb singt Adalgoth, der politische und künstlerische Erbe Tejas, der im Zug der Goten hinter dessen Leiche schreitet, jenes vierstrophige Lied, von dem ich befürchte, dass es viele Jahrzehnte lang das berühmteste deutsche Gedicht überhaupt war:

> Gebt Raum, ihr Völker, unsrem Schritt:
> Wir sind die letzten Gothen:
> Wir tragen keine Krone mit: –
> Wir tragen einen Todten.[145]

---

141 Dahn: *Ein Kampf um Rom*, Bd. 4, S. 485.
142 Ebd., S. 487.
143 Ebd., S. 488.
144 Ebd., S. 483.
145 Ebd., S. 484.

Warum dies lieto fine, das bei all seiner pathetischen Wucht den tragischen Heroismus Tejas desavouiert, indem es unter Missachtung aller geschichtlichen Bedingungen dort einen Ausweg imaginiert, wo keiner mehr ist, und damit zugleich die Leitidee der geschichtlichen Notwendigkeit außer Kraft zu setzen droht? Diese Wendung ist jedenfalls in der Konzeption des Romans in keiner Weise angelegt, ja, sie steht ihr geradezu entgegen. Es ist deshalb nicht daran zu zweifeln, dass sie Dahn erst in der Schlussphase der Arbeit in den Sinn gekommen ist. Bis zur Gefangennahme des Witichis, bei der Dahn 1863 den Roman beiseitelegte, folgt die gesamte Handlung konsequent einer Logik des Untergangs, und erst in den ab 1874 entstandenen Teilen, mit der Wahl des Licht-Helden Totila zum König, der dem unglücklichen Kriegsverlauf eine plötzliche Wende zu geben vermag, tritt das Geschehen ins Zeichen einer geschichtlichen Alternative; es vollzieht sich gleichsam eine nordische Wendung. Am Vorabend der Hochzeit des Totila treffen unvermittelt die Wikinger unter ihrem König Harald[146] und seiner Schwester Haralda zum ersten Mal am Hof der Goten ein, um eine Warnung ihres Vaters zu überbringen: Aus einer von ihren Sängern vorgetragenen »Wandersage« – man sieht: die Wikinger sind Philologen – sei ihnen bekannt, dass die Goten ihre »Brüder« seien, die freilich »durch Verirrung auf der Wanderung« »allmälig immer weiter nach Süden abgekommen« seien;[147] aus dieser

---

[146] Zu den Transformationen dieser Figur seit Dahns frühem Epos *Harald und Theano* und ihrer Funktion in Dahns »Antikenpolitik« vgl. Andrea Polaschegg: *Konkurrenz der Altertümer – Synthese der Formen. Felix Dahns dramenpoetische Antikenpolitik*. In: *Die andere Antike. Altertumsfigurationen auf der Bühne des 19. Jahrhunderts*. Hg von Friederike Krippner, Andrea Polaschegg und Julia Stenzel. Paderborn 2018, S. 73–95.

[147] Dahn: *Ein Kampf um Rom*, Bd. 4, S. 180 f.

»Verirrung« wollen ihre Brüder sie nach Norden zurückholen, denn Italien werde ihnen den Tod bringen, weil es nicht ihre Heimat sei: »Nie wird's eure Heimath, nur vielleicht euer Grab«[148] – umso mehr, als sich das Volk der Goten auf fremdem Boden auflöse: »Ihr aber – : ihr seid ja selbst schon ganz anders worden als wir. […] wenn das so fort geht, seid ihr verwälscht.«[149] Das ist die eine, die negative Seite von Haralds Botschaft; die andere, die positive aber entwirft ein pangermanisches Programm der politischen Suprematie des Nordens: »Vom Nordland geht alle Kraft aus – dem Nordvolk gehört die Welt.« Dann singt Harald ein Lied, das mit den Versen endet: »Wir sind von des Hammer-Gottes Geschlecht / Und wollen sein Weltreich erben!«[150] Das freilich sind Töne eines nationalistischen Triumphalismus, die für Dahn erst nach 1870 möglich waren; er lässt diesen Wikinger auftreten, als hätte er die Schlacht von Sedan gewonnen. Für Harald ist ausgemacht, wem die Zukunft gehört: Ein römisches Reich kann es nicht mehr geben, das künftige »Weltreich« gehört den Germanen, und um das zu bekräftigen, sammelt er im Schlusskapitel die Reste des gotischen Humankapitals ein, um sie in den Norden als Aktiva des künftigen germanischen »Weltreichs« zu transferieren. Mit ihrem langen Weg in den Norden werden die Goten zugleich nach ihren über die ungarische Steppe, die Schwarzmeerküste und Italien führenden weiten historischen Umwegen erzählerisch in die Vorgeschichte der Deutschen integriert.

---

148 Ebd., S. 187.
149 Ebd., S. 186.
150 Ebd., S. 188.

Diese nordische Wendung lässt Dahn kurz vor dem Tod des Totila auch seine Weltanschauungsfigur Teja vollziehen; er bekennt sich nun zu »unsrer Götter=Dämmrungs=Sage«[151] als dem mythischen Urmodell des tragischen Heroismus und beglaubigt dies ästhetisch dadurch, dass er Totila »Allvaters Gesang« vorträgt,[152] das tief melancholische Lied des Wotan, der sich durch den Blick in den Weltenspiegel der Nornen von der Notwendigkeit des Untergangs auch der Götter überzeugt hat. Spätestens mit dem Tod Totilas, der das Ende des Traums einer Versöhnung von italischer Bildung und germanischer Kraft bedeutet, weist alles im Roman nach Norden, der übergeschichtliche Mythos wie die geschichtliche Erfahrung, und dies im Sinne eines seit 1870 politisch radikalisierten Nationalismus, der deutlich abweicht von dem Nationalismuskonzept, das den ersten Bänden des Romans zugrunde liegt. Schon der junge Dahn war, in entschiedener Abgrenzung von jedem menschheitlichen Universalismus, insbesondere dem des Christentums, fest davon überzeugt, dass die Menschheit Leben und geschichtliche Gestalt nur finden könne im sozialen Verbund der Völker; damit wurde für ihn das Volk zum höchsten Wert jedes Menschen, und demgemäß ließ er in späteren Jahren auf seine Autogrammkarten den aus einem seiner Stücke übernommenen Spruch »Das höchste Gut des Mannes ist sein Volk!« drucken. Eine wertende Hierarchisierung der Völker ergab sich daraus für ihn aber noch nicht, und deshalb ist in seinem Roman der gotische Nationalismus des Teja ebenso gerechtfertigt wie der römische Nationalismus des Cethegus.

151 Ebd., S. 301.
152 Ebd., S. 303 f.

Das änderte sich freilich mit der am Tage von Sedan gewonnenen Überzeugung: »Jetzt ist das deutsche Volk das erste Volk der Erde«.[153] Dieser nationalistische Triumphalismus, den der späte Dahn in seinem politischen Handeln entschieden in alldeutsche Bahnen lenkte, erzwang einen neuen Schluss; der verhaltene Hinweis auf die langobardische Erbschaft des Gotenreichs genügte Dahn als historischer Trost innerhalb eines Untergangsszenarios, das mit den Goten auch die Römer und schließlich selbst Byzanz der geschichtlichen Notwendigkeit zum Opfer brachte, nicht mehr, weil er den mit der Gründung des Kaiserreichs geschaffenen politischen Realitäten in Europa nicht mehr gemäß erschien. Deshalb schickte Dahn eigens eine Wikingerflotte in den Mittelmeerraum, um dem Roman ein neues Ende zu geben und den Schwerpunkt der Geschichte nach Norden zu verlagern. Haralda ruft auf der letzten Seite aus: »nach Norden weist der Wind, der da der Götter Wille weiß«.[154] Es ist der Wind der Geschichte, der nach Norden weist; er transportiert die Goten unmittelbar in die Vorgeschichte der Deutschen, um diesen die zentrale Lehre aus ihrer Geschichte zu vermitteln: dass es nur die Einheit eines Volkes ist, die die Einheit eines »Weltreichs« aufzubauen und zu sichern vermag. Deshalb lauten die appellativen letzten Sätze des Romans: »nach Norden! gen Thuleland! Heim bringen wir die letzten Gothen.«[155] In der Handschrift folgt auf diesen Appell zur Integration der Goten in die geschichtsbildenden Mythen des künftigen deutschen »Weltreichs« noch der Satz: »Und gewaltig rauschend dreh-

---

153 Dahn: *Erinnerungen*, Bd. 4.2, S. 521.
154 Dahn: *Ein Kampf um Rom*, Bd. 4, S. 488.
155 Ebd.

te sich das maechtige Schiff, die andern folgten seinem Vorgang und bald verschwanden die weißen, in Purpur gluehenden Segel.«[156] Aber diesen Satz hat Dahn im Manuskript dann wieder rot durchgestrichen; er wollte nicht, dass die Segel der künftigen Sieger der Geschichte noch einmal verschwinden, und vor allem wollte er nicht, dass ein ästhetischer Effekt sich am Ende vor den nationalistischen Affekt schiebt. Hier setzt sich das auf dem Schlachtfeld von Sedan eingeübte Denken durch, das die Verlierer der Geschichte am Ende des Romans zu Siegern der Geschichte erheben will – in den Worten Haralds: »Vom Nordland geht alle Kraft aus – dem Nordvolk gehört die Welt.«[157] So hebelt Felix Dahn selbst den tragischen Heroismus seines Weltbilds nach der Reichsgründung durch ein nationalistisches

---

156 Dr. Bernhard Fischer, dem Direktor des Goethe- und Schiller-Archivs, Klassik Stiftung Weimar, sei für die Bereitstellung der Handschrift und die Abdruckgenehmigung sehr herzlich gedankt.

157 Dahn: *Ein Kampf um Rom*, Bd. 4, S. 188.

Suprematie- und Hegemonialdenken aus, und alles, was er fortan noch an poetischen Texten schreibt, wird diesen Makel tragen.

Widmungspolitik

Im Alter von 57 Jahren, zu einer Zeit, als er mehr als ein Drittel seines literarischen Lebenswerkes noch vor sich hatte, formulierte Felix Dahn eine Lebensbilanz von erstaunlicher Illusionslosigkeit; er schrieb 1891 im 2. Band seiner *Erinnerungen*: »Es reut mich auch keine Stunde all' der Arbeit, die andere der Jugendfröhlichkeit schenkten: es reut mich nicht, obwohl schließlich bei all dem wirklich oft Menschenkraft fast übersteigenden Abmühen nichts heraus gekommen ist als ein Lehrer und Gelehrter zweiten und ein Dichter dritten Ranges: ›es hat halt nit weiter g'langt‹: aber es ist auch so gut: ich habe doch auch so ideale Anregung als Lehrer und als Dichter in gar viel junge Menschenseelen gestreut.« Und dann rief er noch einmal die großen Vorbilder auf, an denen er sich von Jugend auf gemessen hatte und von denen er im Alter wusste, dass er sie nicht hat erreichen können: »Es ist – ohne jede dumme falsche Bescheidenheit – meine aufrichtige Selbstwürdigung: und ich wiederhole, daß sie keineswegs mit Bitterkeit begleitet ist: Nicht jeder kann ersten Ranges sein wie Jakob Grimm und Schiller, auch nicht jeder zweiten Ranges wie Eichhorn und Uhland: es muß doch auch wohl solche Käuze geben wie ich einer bin: sonst wären sie nicht da.«[158]

---

158 Dahn: *Erinnerungen*, Bd. 2, S. 168 f. Gemeint ist der Jurist und Rechtshistoriker Karl Friedrich Eichhorn (1781–1854). Wie ernst es ihm mit dieser Lebensbilanz war, gibt sich schon darin zu erkennen, dass Dahn sie in Band 4.2 seiner *Erinnerungen* wiederholt hat (vgl. Anm. 1).

Dass es solche Käuze – Virtuosen der Zweit- und Drittrangigkeit – wie Felix Dahn geben müsse, haben auch seine bewährtesten Freunde so gesehen. Anna von Doß, die dem Goethe- und Schiller-Archiv das Manuskript des *Kampf um Rom* stiftete, berichtet in einem Brief vom 31. Mai 1890 von einem langen Gespräch, das sie mit Conrad Ferdinand Meyer über Dahn geführt hat. Meyer, der Dahn nicht persönlich kannte, äußerte sich sehr achtungsvoll über ihn, war sich mit Anna von Doß aber einig darin, dass dessen jüngste Bücher »nicht mehr auf alter Höhe« stünden und »größerer Vertiefung« bedürften. Meyer fuhr fort: »Aber wir haben offenbar verschiedene Ziele, Dahn und ich, und als Unterhaltungslektüre, die es doch auch geben muß, sind seine Sachen ausgezeichnet.« Anna von Doß stimmte diesem Urteil sofort zu: »›Unterhaltungslektüre‹, im besten Sinne des Wortes, und ›die muß es doch auch geben‹. Und wenn der ernste, fleißige Mann, der seine ganze, große Kraft dem Unterricht und der Führung von Deutschlands Söhnen widmet, dann noch seine Muße dazu verwendet, für deren ›Unterhaltung‹ zu sorgen, so hat er wahrlich damit genug getan, dächte ich.« Conrad Ferdinand Meyer pflichtete ihr bei.[159]

Man wird dies Urteil heute nicht ungerecht finden. Nur: Felix Dahn selbst hat, bei aller späten Einsicht in seine Zweit- und Drittrangigkeit, sich selbst nicht als einen Unterhaltungsschriftsteller gesehen; dafür waren seine künstlerischen Idealitätsansprüche und sein nationalpädagogisches Sendungsbewusstsein viel zu ausgeprägt. Vor allem aber: sein resignatives Bewusstsein, wissenschaftlich wie poetisch den niederen Ständen anzugehören, speiste sich daraus, dass

---

[159] Anna von Doß: *Briefe*, S. 34 f.

er nie aufgehört hat, sich an den Großen zu messen; er wollte von Jugend auf so sein und so schreiben wie sie, und als ihm in späteren Jahren zu Bewusstsein kam, dass ihm dies unmöglich war, betäubte er diese Einsicht dadurch, dass er, immer den (nicht zuletzt ökonomischen) Erfolg im Auge, Qualität durch Quantität ersetzte; so ist schon mancher zum Unterhaltungsschriftsteller geworden. Und doch hat es Dahn nie ganz aufgegeben, sich in die Geistergemeinde der Großen einschreiben und den Kontakt zur Sphäre der Ewigkeit bewahren zu wollen. Seine Strategie dabei war die Widmungspolitik.

Eine Geschichte der Widmungsstrategien in gedruckten Büchern vom humanistischen Mäzenatenwesen und den höfischen Widmungsritualen bis zur Privatisierung und Intimisierung der gedruckten Widmung in der Moderne (»Für Dorle«, »Für T.«) ist bis heute nicht geschrieben worden, aber wenn sie einmal geschrieben werden sollte, müsste Dahn in ihr ein besonders großes Kapitel eingeräumt werden. Denn er ist der Widmungstitan in der deutschen Literatur des 19. Jahrhunderts, und es bezeichnet vielleicht den prekären Ort seiner poetischen und wissenschaftlichen Produktion zwischen höchstem Anspruch und real erschriebener Zweit- und Drittrangigkeit, dass fast jedes seiner Bücher eine Widmung trägt und viele Widmungsempfänger den Leser an die Sphäre der Erstrangigkeit gemahnen. Das ist bemerkenswert schon deshalb, weil nicht nur die großen Dichter der Klassik und Romantik fast völlig auf gedruckte Widmungen ihrer Bücher verzichteten, sondern auch die kanonisierten Dichter des 19. Jahrhunderts weitgehend von Widmungen absahen, weil sie außerhalb höfischer Kontexte entstanden und auch rezipiert wurden und alles Private der Öffentlichkeit entzogen bleiben sollte. Dahn aber schrieb

Bücher nicht zuletzt, um sie im Angesicht der Öffentlichkeit widmen zu können, und schuf damit ein politisch-literarisch-wissenschaftliches Netzwerk, in dessen Zentrum er selbst stand und das ihn in die höchsten Höhen von Wissenschaft, Politik und Literatur tragen und dort auch halten sollte.

Bereits sein literarisches Debüt versah der 21jährige mit einer anspruchsvollen Widmung: »Friedrich Rückert dem Menschen und Dichter in liebender Verehrung gewidmet«.[160] So steht es vor der Verserzählung *Harald und Theano*, und dass es dort stehen durfte, rechtfertigt ein schmales Vorwort auf dem folgenden Blatt, das kein Wort über die Dichtung selbst verliert, sondern dessen einzige Aufgabe darin besteht, dem Leser die in zwei Distichen vollzogene Annahme der Widmung durch den »hochverehrten Dichter« zu bestätigen: »Liebliche Blüte, die noch reichere Früchte verheißt.«[161] So verlieh Dahn seinem poetischen Erstling mit dessen Widmung das höchste Gütesiegel, das es in dieser Zeit, als Friedrich Rückerts Ruhm noch nicht erloschen war, für einen jungen Dichter zu erschwingen gab. Besonders raffiniert war in diesem Fall die doppelte Adressierung der Widmung an den »Menschen und Dichter« Rückert, weil sie den Leser auf einen engen Umgang Dahns mit dem nahezu ein Halbjahrhundert älteren Rückert schließen ließ – nicht ganz zu Unrecht: In den *Erinnerungen* gibt Dahn einen lebhaften Bericht über seinen Besuch bei Rückert im Sommer 1855.[162] Aber karrie-

---

160 Felix Dahn: *Gesammelte Werke. Erzählende und poetische Schriften*. Neue wohlfeile Gesamtausgabe. Leipzig und Berlin-Grunewald o. J. [1912]. Erste Serie, Bd. 7, S. 491.

161 Ebd., S. 493.

162 Dahn: *Erinnerungen*, Bd. 3, S. 195-231.

restrategisch wichtig war für ihn allein dies: dass er sich mit der Widmung seines Erstlings an Rückert gleichsam selbst auf den deutschen Parnass katapultierte.

Und so widmete Felix Dahn sich fortan Buch für Buch in seiner poetischen und akademischen Karriere voran. Diese Strategie schloss keineswegs Freundschaftswidmungen ohne karrierepolitische Bedeutung bei dafür geeigneten Büchern aus, aber insgesamt dominierte doch eine anspruchsvolle Widmungsstrategie, die bis in die höchsten Kreise von Politik und Gesellschaft ausgriff. Dass es bei den Widmungen seiner Bücher nicht allein um den öffentlichen Vollzug eines Verehrungsgestus ging, sondern dass sich damit auch Erwartungen an die Widmungsempfänger verbanden, entspricht der Tradition der Buchwidmungen seit der Frühen Neuzeit, nur dass die Erwartungen des Widmenden in den komplexen gesellschaftlichen Verhältnissen des 19. Jahrhunderts nicht so offen auf der Hand liegen konnten wie etwa im 17. Jahrhundert, als die Erwartung eines Geldgeschenks, eines Amtes oder generell von Protektion offensichtlich war. Aber auch Dahn gab seine Widmungen, um etwas dafür zu bekommen; dies zeigt schon der Reputationsgewinn, den ihm die Widmung von *Harald und Theano* an Friedrich Rückert einbrachte.

Wie das Verhältnis von Geben und Nehmen funktionierte, möge exemplarisch die Widmung des ersten Bandes seines wissenschaftlichen Hauptwerks *Die Könige der Germanen* verdeutlichen. Sie lautet: »Jakob Grimm und Georg Waitz zugeeignet«.[163] Die beiden Namen besaßen für Dahn keineswegs den gleichen Status. Georg Waitz (1813–1886)

---

163 Dahn: *Die Könige der Germanen*. Bd. 1, S. V. Die Erstausgabe erschien im Jahre 1861.

war ein herausragender Mittelalterhistoriker und bearbeitete mit seiner in acht Bänden erschienenen *Deutschen Verfassungsgeschichte* ein wissenschaftliches Terrain, das sich thematisch auf vielfache Weise mit Dahns *Königen der Germanen* überschnitt. Mit der Widmung an Waitz schützte der sich mühsam im System der Wissenschaft etablierende junge Gelehrte sein eigenes Werk also vor Kritik von kompetentester Seite, ja, er unterstellte es geradezu dem Schutz eines scharfen Konkurrenten; man kann hier von einer apotropäischen Widmung sprechen. Ganz anders stellen sich die Verhältnisse im Falle Jacob Grimms dar; er repräsentierte für Dahn das wissenschaftliche Absolutum, an dem er Kritik nicht zuließ, und noch im Alter zählte er ihn zur schmalen Schar seiner »Götter und Halbgötter«: »Schiller, Jakob Grimm, Scheffel und Bismarck.«[164]

Dahns Begegnung mit dem Werk Jacob Grimms war von lebensentscheidender Bedeutung; ohne Bücher wie Jacob Grimms *Deutsche Rechts-Alterthümer* (1828) und seine *Deutsche Mythologie* (1835) ist Dahns Werk schon deshalb nicht vorstellbar, weil über ihre thematischen Anregungen hinaus diese Schriften ihm Muster dafür lieferten, wie Wissenschaft der nationalen Identitätsbildung und der Vergewisserung einer Nation über ihre historischen Ursprünge dienen konnte. In Dahns Nachlass hat sich ein frühes Dokument erhalten, das diese Motive belegt: eine vom Sommer 1855 bis 1857 geführte Kladde, in der er sein staunenswertes Lektürepensum dokumentierte und jedes der gelesenen Bücher kurz kommentierte. Dort heißt es über seine erste Lektüre der *Deutschen Mythologie*:

---

[164] Dahn: *Erinnerungen*, Bd. 5, S. 730.

Den 24.ten Aug. [1855]. Deutsche Mythol. v. Grimm vollendet. / Es ist ein Triumph deut. Geistes, daß er nach 1800 Jahren d. Götter und Altäre heimischer Art welche ihm durch fremde, gewaltthätige Geistesbeherrschung zerstört, so wieder aus all' d. Schutt vieler Jahrh. der Veracht., ja d. Zerstör. u. Verfolg. so schön wieder aufgebaut: es ist unerhört in d. Gesch., daß e. Volk durch wißenschaftl. Kritik u. reifes Bewußtsein s. geraubte Unmittelbk. zurückerobert.[165]

Im Grunde enthält diese Notiz des 21jährigen sein wissenschaftliches Lebensprogramm: die auf dem Werk Jacob Grimms fußende Rückeroberung der nationalen Identität durch die institutionen- und religionsgeschichtliche Rekonstruktion der Ursprünge der deutschen Nation; deshalb hat Felix Dahn lebenslang jede Kritik an Jacob Grimm als Angriff auf sich selbst und sein Werk verstanden. Die Notiz enthält zugleich die Begründung für sein literarisches Lebensprogramm: Denn die Rückeroberung der »Unmittelbarkeit« der Geschichte kann nicht Aufgabe der Wissenschaft sein, sondern sie obliegt der Kunst, insbesondere dem historischen Erzählen. So gibt die Notiz auch eine Begründung für Dahns Doppelexistenz zwischen Wissenschaft und Kunst.

Seit der Begegnung mit der *Deutschen Mythologie* galt ihm Grimm als sein »großer Lehrer«.[166] Die einem Erweckungserlebnis gleichkommende Lektüre der *Deutschen Mythologie* fand erst zwei Jahre nach dem Doppelsemester statt, das der junge Dahn 1852/53 an der Friedrich-Wilhelms-Universität in Berlin verbracht hatte; dies erklärt, weshalb er in dem Berliner Jahr nie den persönlichen Kon-

---

165 Bayerische Staatsbibliothek München, Handschriftenabteilung, Ana 580.
166 Dahn: *Erinnerungen*, Bd. 1, S. 136; Bd. 2, S. 193.

takt zu Jacob Grimm suchte: »In Philosophie und Recht ging in jener Zeit meine Arbeit auf: ich wußte nichts davon, daß damals in Berlin der Mann wirkte, dem ich in der Folge schriftlich mich näherte und dem ich neben [dem Philosophen Karl von] Prantl unter allen Menschen für die Wissenschaft am Meisten verdankte: Jakob Grimm, mein großer Meister.«[167] Erst im Frühjahr 1859 wagte Dahn die briefliche Annäherung, wobei er eine »öffentliche Erklärung« Grimms zum Anlass nahm, in der dieser »junge Gelehrte« um »Beihilfe« beim *Deutschen Wörterbuch* bat.[168] Solche Unterstützung nun bot ihm Dahn mit einem Brief vom 1. März 1859 an, in dem er zugleich Grimm verehrungsvoll davon in Kenntnis setzte, dass er dessen Werken »die mächtigste Anregung zur Wahl meines Berufs« zu verdanken hatte und dass ihm Grimm »Führer in dieser Wißenschaft geworden und geblieben« sei.[169] Grimm bat in seinem Antwortschreiben Dahn darum, die Schriften des Historiographen Johannes Aventinus für das *Deutsche Wörterbuch* zu exzerpieren, und dieser Aufgabe unterzog sich Dahn in der Folge zur Zufriedenheit des Meisters tatsächlich, wobei er auf sie immerhin »bis zur Vollendung täglich 1 ½ Stunde verwendete«.[170]

Nur: warum? Etwa allein aus idealistischer Dankespflicht gegenüber dem verehrten Meister? Gerade dies konnte sich Dahn anderthalb Jahre nach der Habilitation in seiner prekären Situation als Privatdozent und junger Fami-

---

167 Dahn: *Erinnerungen*, Bd. 2, S. 502 f.
168 Dahn: *Erinnerungen*, Bd. 3, S. 543.
169 Staatsbibliothek zu Berlin Preußischer Kulturbesitz, Handschriftenabteilung, Nachlass Jacob Grimm.
170 Dahn: *Erinnerungen*, Bd. 3, S. 544; auf S. 545 eine reichlich obskure Erklärung, weshalb die Briefe Grimms an Dahn verschollen sind.

lienvater nicht leisten, in der alle Kraft in seine wissenschaftliche Zukunft und in die Ernährung der Familie investiert werden musste. Offensichtlich dienten die Anbahnung einer Verbindung zu Grimm und die Übernahme einer lexikographischen Hilfsarbeit primär der Gewinnung eines einflussreichen Patrons bei der Bahnung seines Karrierewegs: des angesehensten, den es auf seinem Fachgebiet gab.

Dahn ging dabei mit äußerster Konsequenz vor. Im zweiten großen Brief an Grimm (6. September 1859) teilte er diesem mit, dass er im Wintersemester »– als der Erste an unserer Hochschule! – ein Colleg über germanische Mythologie« auf der Grundlage des Grimmschen Werkes lesen werde;[171] damit erfuhr Jacob Grimm, dass er fortan an der Münchner Universität einen Statthalter hatte. Mit der Erledigung der Aventinus-Aufgabe glaubte sich Dahn das Recht zur Widmung des ersten Bandes der *Könige der Germanen* erworben zu haben; um die Genehmigung der Widmung hat er Grimm jedenfalls nicht mehr gebeten, vielmehr bedankte er sich am 18. Juli 1861 »für die freundliche Aufnahme« des Bandes und versicherte zugleich: »Es ist mir ein Herzenstrost, daß die Aufnahme der ersten Abtheilung, welche sich mit Ihrem Namen zu schmücken gewagt, Ihnen keine Schande gemacht hat.«[172]

Damit konnte der Schritt geschehen, um den es immer schon gegangen war: Kaum war die Widmung erfolgt und Dahns Werk für immer mit demjenigen Jacob Grimms ver-

---

[171] Staatsbibliothek zu Berlin Preußischer Kulturbesitz, Handschriftenabteilung, Nachlass Jacob Grimm.
[172] Ebd.

bunden, bat der an seinen Karrierechancen mittlerweile verzweifelnde Privatdozent den berühmtesten Germanisten Deutschlands, zu seinen Gunsten aktiv zu werden und eine Eingabe der Fakultät beim König für eine außerordentliche Professur an der Münchner Universität zu unterstützen; am 4. November 1861 schrieb er an Grimm unter beherztem Bezug auf seine Widmung: »Sie haben mir auf den I Band meines Buches zugerufen: damit steure ich grade auf die Profeßur los. Machen Sie diesen Zuruf wahr!« – und zwar durch »eine auf mein Buch begründete warme Empfehlung zur Profeßur«, die Dahn dem König vorlegen könne.[173] So resultierte aus der Dedikation für Grimm eine moralische Verpflichtung, die sich aus der im Widmungsakt erfolgten Renommeeübertragung von Grimm auf Dahn schlüssig ergab, wie sie von Dahn immer schon eingeplant war. Jacob Grimm ist dieser Verpflichtung dann tatsächlich, wie aus Dahns nächstem Brief hervorgeht, durch ein entsprechendes Schreiben nachgekommen. Als dies erfolglos blieb, bat Dahn in einem Schreiben vom 6. Mai 1862 Grimm darum, bei einschlägigen Vakanzen in Preußen seinen Namen ins Spiel zu bringen und seine Berufung mit Empfehlungen zu unterstützen. Damit endete der Briefwechsel zwischen Felix Dahn und seinem Meister, den die Dahnsche Widmungspolitik zum ausführenden Organ seiner Karrierestrategien umformatiert hatte; Grimm starb im Folgejahr.

Andere reagierten sehr viel zurückhaltender auf das Nähe- und Protektionsbegehren, das sich in Dahns Widmungen verbarg; sie witterten die Verpflichtung, die sie mit der Annahme der Widmung eingingen. Besonders ein-

---

[173] Ebd.

drucksvoll ist hier die Souveränität, mit der sich Theodor Mommsen eine Widmung Dahns gefallen ließ und zugleich alle Ansprüche auf Protektion mit einem Federstrich abwies. Mit dem Tode Jacob Grimms hatte Dahn seinen wichtigsten Förderer in Preußen verloren; die Widmung der *Könige der Germanen* war damit gewissermaßen ins Leere gelaufen. In dieser Situation unternahm er einen neuen Versuch: Nach dem Tod des berühmtesten deutschen Germanisten suchte er den berühmtesten deutschen Historiker als Förderer für sich zu gewinnen und griff dabei wieder zu dem Mittel, diesem die Widmung eines seiner Bücher anzutragen. Dahn hatte Mommsen schon am 23. Juli 1861 die ersten Bände der *Könige* geschickt und in einem langen Begleitbrief auf die »edelsten geistigen Genüsse meines Lebens«, die er Mommsens *Römischer Geschichte* (1854/55) zu verdanken, und auf den bedeutenden Einfluss verwiesen, den dessen Werk auf sein eigenes Verständnis »historischer Darstellung« ausgeübt habe.[174] Ob Mommsen je auf diese Sendung reagiert hat, lässt sich nicht nachweisen. Jedenfalls ist der Brief, den Dahn vier Jahre später an Mommsen richtete, um ihn darum zu bitten, die Widmung seiner Prokop-Monographie an ihn zu gestatten, stilistisch so gehalten, als habe zuvor nie ein persönlicher Kontakt zwischen den beiden stattgefunden. Noch einmal verweist Dahn auf die »Geistesgenüße«, die er Mommsens *Römischer Geschichte* zu verdanken hatte, und ein weiteres Mal hebt er seine eigenen »rechtsgeschichtlichen Studien« hervor; erst dann geht er auf den Status des Prokop-Buches im Rahmen seiner Forschungen ein, um schließlich um die

---

[174] Staatsbibliothek zu Berlin Preußischer Kulturbesitz, Handschriftenabteilung, Nachlass Theodor Mommsen.

»gütige Gewährung meiner ergebnen Bitte« zu ersuchen. Unterschrift: »Felix Dahn, Professor in Würzburg«.[175]

Theodor Mommsens Antwort, auf die er Dahn offensichtlich geraume Zeit hat warten lassen, ist es schon deshalb wert, im vollen Wortlaut wiedergegeben zu werden, weil sie den hierarchischen Abstand zwischen einem Berliner Mandarin der Wissenschaft und einem jungen Provinzprofessor in der zweiten Hälfte des 19. Jahrhunderts genussvoll auskostet:

> Hochgeehrter Herr,
> Mein Schweigen auf Ihre freundlichen Zeilen muß Ihnen peinlich gewesen sein: verzeihen Sie es mir, das Zusammentreffen des Collegiengeschäftes und der Kammersitzungen nahmen mich zu sehr in Anspruch. Ich kann es mir nur zur Ehre rechnen, wenn Sie die von Ihnen bezeichnete Arbeit mit meinem Namen in Verbindung bringen wollen. Habe ich auch nie Gelegenheit gefunden mit dem merkwürdigen Byzantium mich eingehend zu beschäftigen, so wird es mich um so mehr freuen nun durch eine längst nothwendige Specialuntersuchung in leichter Weise dazu zu gelangen. Nur erwarten Sie nicht, geehrter Herr, daß dies bald geschieht; ich bin sehr zu meinem Leidwesen gezwungen auch das, was ich lesen will, doch oft noch lange Zeit hinzulegen.
>   Hochachtungsvoll ergebenst
> Berlin 24. März 1865   Mommsen[176]

Das bedeutete dreierlei: 1. Der junge Kollege durfte Mommsen sein Buch widmen. 2. Er durfte aber nicht damit

---

[175] Ebd. Der Brief ist stark beschädigt; ein Ausriss in der oberen Hälfte rechts erklärt den Verlust der Datierung.
[176] Bayerische Staatsbibliothek München, Handschriftenabteilung, Ana 580.

rechnen, dass Mommsen es jemals lesen werde. 3. Deshalb musste er auch jede Hoffnung auf Protektion durch Mommsen fahrenlassen. Theodor Mommsen nahm also die Widmung an und machte im gleichen Atemzug deutlich, dass er die Distanz wahren und keinerlei Verpflichtung gegenüber dem Widmungsgeber auf sich nehmen wollte.

Es dürfte dies Felix Dahn schwerlich gekränkt haben. Denn sein karrierestrategisch wichtigstes Ziel war erreicht: Das Buch konnte noch im Frühjahr 1865 mit der Widmung »Theodor Mommsen in Verehrung zugeeignet.« erscheinen.[177] Der »Professor in Würzburg«, der Mommsen die Widmung angetragen hatte, zeichnete ordnungsgemäß auf dem Titelblatt seines Buches als »a. o. Professor an der Hochschule zu Würzburg«. Durch Verfügung vom 10. Oktober 1865 wurde ein halbes Jahr später Dahns außerordentliche in eine ordentliche Professur umgewandelt, und man darf voraussetzen, dass dabei nicht allein das bedeutende neue Werk eine Rolle spielte, sondern auch dessen öffentliche Nobilitierung durch den ihm vorangestellten Namen Theodor Mommsens, der keine Zeile von ihm gelesen hatte. Dahns Strategie der Renomeeübertragung vom Widmungsempfänger auf den Widmungsgeber, erfolgreich erprobt bei Jacob Grimm, war karrierepolitisch mit der Widmung des Prokop-Buches an Mommsen glanzvoll an ihr Ziel gelangt; er war nun endlich ordentlicher »Professor in Würzburg«, der seine Familie ernähren konnte. Die Beziehungen zwischen Dahn und Mommsen gestalteten sich deshalb auch, wie sich aus den wenigen erhaltenen Briefen schließen lässt, fortan zwar kollegial distanziert, aber doch keineswegs unfreundlich.

---

177 Dahn: *Prokopius*, S. III.

Nach 1873, also nach der Konsolidierung seiner Universitätskarriere in Preußen, verzichtete Dahn auf Widmungen seiner wissenschaftlichen Werke weitgehend; es bedurfte solcher Karrierebeschleuniger nicht mehr. Nur ein später Band der *Könige* machte eine Ausnahme; er untersucht die politischen Institutionen der Baiern, und so leistete sich Dahn, der mittlerweile nach Breslau verschlagene Bayer, hier den sentimentalen Ausreißer, ihn mit der Widmung zu versehen: »Dem Stamm der Baiern, tapfer, kunstschöpferisch und lebensfroh.«[178] Dabei blieb es dann, während Dahn auf der anderen Seite sein alle Maße sprengendes poetisches Werk durch ein dicht geknüpftes Netz von Widmungen zusammenhielt: Widmungen an Familienmitglieder, an enge Freunde und Freundinnen, an Gelehrte, an Schriftsteller, an Musiker, an Politiker, an eine Königin und an einen König und in einer Situation des besonderen politischen Übermuts auch an das Deutsche Reich. Wer Felix Dahns Welt vom familiären Nahbereich über die Wissenschaft und die Poesie bis hin zum großen Ganzen der politischen Ordnung erkunden will, braucht also nur durch das System seiner Widmungen zu flanieren.

Wie auf dem Gebiet der Wissenschaft hat sich Dahn auch auf dem Feld der Literatur mit so freigiebig wie anspruchsvoll gewährten Widmungen, zu Anfang noch unbehelligt vom Verdacht eigener Zweit- oder gar Drittrangigkeit, zu positionieren versucht. Die Widmung seines Erstlings an Friedrich Rückert hatte ihm gezeigt, wie erfolgreich man damit sein kann, und so widmete er das 1876

---

178 Dahn: *Die Könige der Germanen. Das Wesen des ältesten Königthums der germanischen Stämme und seine Geschichte bis zur Auflösung des Karolingischen Reiches*. Nach den Quellen dargestellt. Bd. 9. 2. Abtheilung: *Die Baiern*. Leipzig 1905, S. III.

noch vor dem Roman *Ein Kampf um Rom* erschienene kleine Versepos *Die Amalungen*, mit dem er sich nach langer Abwesenheit als Dichter zurückmeldete, verehrungsvoll dem Dichter Emanuel von Geibel, den er aus München gut kannte und als Formkünstler sehr bewunderte. Die Funktion der Widmung bestand für Dahn darin, sich von Königsberg, also aus der Peripherie des Deutschen Reiches, ins Zentrum der deutschen Literatur zurück zu katapultieren; zugleich bekannte er sich mit diesem Widmungsakt zu einem den Idealismus der Kunstperiode und den Historismus der zweiten Jahrhunderthälfte verbindenden Dichtungsideal, das das Werk Geibels auf formstrenge Weise repräsentierte. Die Widmung formulierte also einerseits ein ästhetisches Bekenntnis, das eine scharfe Abgrenzung Dahns von allen Strömungen des europäischen Realismus implizierte, und brachte andererseits Dahns Anspruch zum Ausdruck, sich mit seinem Epyllion formal wie thematisch auf der Höhe Geibels zu bewegen. Einen analogen ästhetischen Bekenntnischarakter besaß die Widmung, die er 1888 dem erzählerischen Blutbad des Romans *Attila* voranstellte: »Hermann Lingg, dem Sänger der Völkerwanderung, in alter Verehrung und alter Freundschaft zugeeignet.«[179] Hermann Lingg (1820–1905), von Geibel entschieden gefördert und einst berühmt als so ausdrucksstarker wie formstrenger Dichter des ästhetischen Historismus, wird hier aufgerufen als der »Sänger« des bildkräftigen Epos *Die Völkerwanderung* (1866–68); wie retrospektiv dies war, wird sofort deutlich, wenn man sich daran erinnert, dass 1888 mit Max Kretzers *Meister Timpe* und Gerhart Hauptmanns *Bahnwärter Thiel* frühe Hauptwerke des literarischen Naturalis-

---

179 Dahn: *Gesammelte Werke*. Erste Serie, Bd. 3, S. 277.

mus erschienen. Man sollte Dichter des ästhetischen Historismus wie Geibel, Lingg oder auch Dahns Freund Josef Victor von Scheffel, dem er 1875 das »vaterländische Schauspiel« *Deutsche Treue* und 1877 das Lustspiel *Die Staatskunst der Frau'n* widmete und der mit seinen Werken *Der Trompeter von Säckingen* und *Ekkehard* zu den erfolgreichsten und angesehensten Autoren der Epoche zählte,[180] keineswegs verachten; die oft bemühte pauschale Abqualifizierung als Epigonenliteratur wird ihnen literaturgeschichtlich schwerlich gerecht. Man muss aber auch sehen, dass Dahn sich mit dieser Widmungspolitik, je weiter die Zeit voranschritt, umso entschiedener am Rand der literarischen Entwicklung positionierte.

Dabei hätte es für ihn die Möglichkeit gegeben, ohne den Anschluss an die Entwicklungen der literarischen Moderne zu suchen, die Brücke immerhin zu den großen Autoren des poetischen Realismus zu schlagen: im weiten Spannungsfeld von Adalbert Stifter über Theodor Storm bis zu Wilhelm Raabe. Aber Zeugnisse dafür, dass er Stifter und Storm gelesen hat, gibt es nicht, und Raabe dürfte ihm schon aufgrund von dessen skeptischer Haltung gegenüber den politisch-sozialen Folgen der Reichsgründung ungemäß geblieben sein. Umso markanter sticht im System von Dahns Widmungspolitik die Dedikation seines besonders erfolgreichen Romans *Felicitas*, der 1882 die Reihe der »Kleinen Romane aus der Völkerwanderung« eröffnete, an Gottfried Keller und Conrad Ferdinand Meyer hervor. Dahn kannte weder Keller noch Meyer persönlich, und ob er jemals ein Werk Kellers gelesen hat, lässt sich nicht erschließen. Am ehesten dürfte er ihn als den Autor der

---

180 Zu Scheffel vgl. Dahn: *Erinnerungen*, Bd. 3, S. 232–264.

Züricher Novellen, also als historischen Erzähler, geschätzt haben, wie er auch in dem historischen Erzähler Meyer einen Wahlverwandten erkannte. Immerhin hatte Meyer sowohl Dahns 1873 erschienene *Gedichte* als auch die Trauerspiele *König Roderich* und *Rüdeger von Bechelaren* günstig rezensiert, noch im Vorfeld zum Sensationserfolg des *Kampfs um Rom*,[181] wofür Dahn ihm lebenslang Dankbarkeit bewahrte. Die Widmung aber, die er 1882 dem Roman *Felicitas* voranstellte, besaß keinerlei literarisch-ästhetischen Bekenntnischarakter, sondern hatte eine primär (kultur-)politische Funktion: »Gottfried Keller und Konrad Ferdinand Meyer in Zürich mit deutschem Gruß von Meer zu Fels. Königsberg, Herbst 1882.«[182] Dies war, zumal der Roman selbst im Salzburger Raum, in Österreich, spielt, keine literarische Huldigung, sondern eine politische Proklamation der Einheit der deutschen Kulturnation über die staatlichen Grenzen hinweg, getragen vom Geist des nach Sedan üblich gewordenen neudeutschen Triumphalismus. Der schwer aufrechtzuerhaltende Anspruch, sich literarisch auf die Höhe Kellers und Meyers zu bringen, wurde kompensiert durch einen usurpatorischen patriotischen Gestus.

Allerdings hat Dahn doch eines seiner Werke einem großen Wegbereiter der literarischen Moderne in Deutschland gewidmet: Theodor Fontane, den er seit seinem Berliner Studienjahr 1852/53 persönlich kannte. Aber welche Verkennung der literarischen Entwicklung bezeugt sich gerade in dieser Widmung! Er hat sie 1880 seiner »Operndichtung

---

181 Conrad Ferdinand Meyer: *Sämtliche Werke*. Vollständige Texte nach den Ausgaben letzter Hand. Mit einem Nachwort von Erwin Laaths. Darmstadt 1972; Bd. II, S. 655–669.
182 Dahn: *Gesammelte Werke*. Erste Serie, Bd. 3, S. 517.

in drei Aufzügen« *Der Schmied von Gretna-Green* vorangestellt: »Theodor Fontane, dem Meister der englischen Ballade, zugeeignet.«[183] Das war es, was Theodor Fontane zeitlebens für Dahn blieb: der Meister der Ballade. Dass Fontane 1878 seinen ersten großen Roman *Vor dem Sturm*, 1880 dann die große Erzählung *Grete Minde* – Meisterwerke des historischen Erzählens – veröffentlicht hatte, scheint Dahn nicht wahrgenommen zu haben, wie es überhaupt fraglich ist, ob er jemals die großen Gesellschaftsromane des späten Fontane zur Kenntnis genommen hat. So konnte es zu der paradoxen Situation kommen, dass, während der späte Fontane sich mit seinen Romanen an die Entwicklungen der literarischen Moderne heran- und schließlich an deren Spitze schrieb, Dahn sich mit der Widmung seines Librettos an den Balladendichter ostentativ von ihnen abkehrte. Auch diese Widmung war ästhetisch retrospektiv. Das zeigt noch der Vierzeiler, den er 18 Jahre später anlässlich von Fontanes Tod schrieb:

> Held Uhland war der König der Ballade:
> Sein Thronfolger warst *du* auf diesem Pfade:
> Entsunken seh' ich dir den goldnen Reifen
> Und keine Hand, die wert, danach zu greifen![184]

So sah Dahn unverändert Theodor Fontane auf einem von Ludwig Uhland gebahnten literarischen Weg, während dieser längst den Weg in die literarische Moderne eingeschlagen hatte.

---

183 Dahn: *Gesammelte Werke*. Erste Serie, Bd. 6, S. 617.
184 Dahn: *Gesammelte Werke*. Zweite Serie, Bd. 7, S. 532.

Auf diese Weise baute Felix Dahn, nachdem er als Gelehrter seine Position im Wissenschaftssystem und als Schriftsteller nach dem Erfolg des *Kampfs um Rom* seine Stellung im Literatursystem errungen hatte, mit der in seinem erzählerischen und poetischen Werk entfalteten Widmungspolitik eine politisch-kulturelle Gegenwelt zur Welt der künstlerischen Moderne auf: hierarchisch geordnet von seinen engsten Familienmitgliedern und Freunden über seine Leitfiguren in der Dichtung und in der Musik (nicht nur Franz von Lachner, auch Richard Wagner zählt zu den Widmungsempfängern) und prominente Autoren der Gegenwart wie Keller und Fontane bis hin zum frisch gestürzten Reichskanzler Otto von Bismarck, dessen Rang die Dahnsche Widmungshierarchie gleichwohl noch zu steigern vermochte (»Otto dem Großen dem Fürsten Bismarck zu eigen«, diese Widmung erhielt 1890 der Roman *Die Bataver*),[185] zu Carmen Sylva, der dichtenden Königin von Rumänien,[186] und zu König Ludwig II., der Dahn in der Krisenzeit 1872/73 seine Unterstützung gewährte,[187] und das Ganze wird überwölbt durch die dem stramm kulturkämpferischen Drama *König Roderich* vorangestellte

---

[185] Dahn: *Gesammelte Werke*. Erste Serie, Bd. 4, unpag.

[186] Die Widmung steht der 1887 erschienenen und bis zu Dahns Tod in 23 Auflagen gedruckten »Erzählung aus der Zeit Karls des Großen« *Bis zum Tode getreu voran; Gesammelte Werke*. Zweite Serie, Bd. 3, S. 7.

[187] Der 1874 im Stil einer Saga verfasste Kurzroman *Sind Götter? Die Halfred Sigskaldsaga. Ein nordischer Roman aus dem zehnten Jahrhundert*, dem die Widmung »Seiner Majestät dem König Ludwig II. von Bayern allerehrfurchtvollst zugeeignet.« vorangestellt ist, zählt zu Dahns bemerkenswertesten Texten: einmal als mit erheblichem Ressentiment aufgeladene erzählerische Bewältigung der Katastrophe seiner Ehe, zum anderen als atheistische Weltanschauungspoesie. Dass der König die Widmung des überdies mit Gewaltexzessen dicht bestückten Textes an ihn gestattet hat, bleibt ein erstaunliches Faktum; *Gesammelte Werke*. Zweite Serie, Bd. 4, S. 7.

Mega-Widmung »Dem Deutschen Reich«,[188] die alles Einzelne unter sich begreift und ihm seinen Ort zuweist.

Dies ist Felix Dahns Welt, zusammengeführt in den Gesamtausgaben seiner Werke und im Inneren fest zusammengeschnürt und zusammengehalten durch ein System von Widmungen, entworfen nach den politischen Ordnungsvorstellungen des Nationalliberalismus, ideologisch im Nationalismus verpanzert, intransigent verschlossen gegenüber der sozialen Dynamik der industriellen Moderne und den ästhetischen Entwicklungen der künstlerischen Moderne. Es ist eine mit aus Klassik und Romantik in die Gründerzeit hinübergeretteten Idealisierungsstrategien aufgeladene und mit dem schon in der Kindheit eingeübten Willen zur künstlerischen Verbesserung und Verschönerung der Geschichte[189] umgeformte Welt, die jeden Realismus der Darstellung ausschließen muss. Zugleich aber müssen Dahns künstlerische Idealisierungstechniken notwendig an den Absolutheitsforderungen zerschellen, mit denen er Volk und Nation auflädt: »Das höchste Gut des Mannes ist sein Volk!« Dieser Imperativ löst den menschheitlichen Universalismus des deutschen Idealismus auf zugunsten unüberbrückbarer Oppositionen zwischen den Völkern und Nationen, denn menschliche Existenz ist für Dahns Anthropologie nur möglich innerhalb eines Volkes und trägt deshalb immer eine nationale Prägung. So überwölbt

---

188 Dahn: *Gesammelte Werke*. Erste Serie, Bd. 7, S. 163.
189 Das Bekenntnis zur Verbesserung der Geschichte formuliert Dahn bezeichnenderweise bei der Schilderung der historischen Schlachten, die der Knabe nachspielt; Dahn: *Erinnerungen*, Bd. 1, S. 91 und 110. Die Erfahrungen der Eltern beim Kostümieren halfen im Übrigen dabei, aus diesen Spielen wie aus seinen späteren Werken »alles Stilwidrige oder Unschöne fern zu halten«; ebd., S. 115.

der Nationalismus als politische Leitidee das gesamte Dahnsche Werk, und deshalb darf auch die Widmung »Dem Deutschen Reich« nicht fehlen. Jeder Nationalismus aber läuft auf eine Hierarchisierung zwischen den Nationen hinaus, und auch wenn Dahn einen französischen oder russischen, einen englischen oder italienischen Nationalismus theoretisch kaum ablehnen konnte, so ist doch darstellerisch sein Werk von dieser Hierarchisierung der Nationen mit ihren moralischen Disqualifizierungstaktiken (besonders in Richtung Westen) und ihren ästhetischen Bestialisierungsstrategien (besonders in Richtung Osten) durch und durch geprägt.

Es liegt aus all diesen Gründen auf der Hand, dass ihm der Realismus und der Naturalismus der künstlerischen Moderne ästhetisch wie politisch zuwider sein mussten. Während der späte Dahn sein nationalistisches Credo in zahllosen Vorträgen vor Alldeutschen, Deutschnationalen und Deutschvölkischen Vereinen, vor Bünden der Deutschen, vor Germanenverbänden, Deutschen Ostmarkvereinen und natürlich auch vor Deutschen Turnvereinen vortrug,[190] versiegelte sich sein literarisches Werk für immer gegenüber den künstlerischen Ansprüchen der Moderne. Dabei ahnte Dahn, dass er den Kampf gegen die literarische Moderne schon längst verloren hatte. Die erbitterten Angriffe gegen die jüngste Literatur, die er in seinen *Erinnerungen* – den Erinnerungen eines noch nicht einmal Sechzigjährigen! – führte, sind diktiert von dem Ressentiment eines Mannes, der gespürt haben muss, dass die Zeit über ihn hinweggegangen war. 1886 richtete er an Joseph

---

190 Ein reicher Bestand an einschlägigen Anfragen aus diesem Biotop des deutschen Nationalismus befindet sich in Dahns Münchner Nachlass.

Victor von Scheffel aus Anlass von dessen 60. Geburtstag die Verse:

> So sind wir immer Hand in Hand gestanden.
> Mag den modernsten Schmutz man von Paris,
> Mag den Berlins man als »das Schöne« preisen
> Und als der Dichtung Zweck, das Ekelhafte
> Zu conterfein, »zu lösen die Probleme
> Der Gegenwart«, – (mit Versen und Romanen!)
> Mag Volk und Stat man aus der Dichtung bannen,
> Langweilig uns're Heldenvorzeit schelten,
> Nur Liebesgirren als der Dichtung Stoff
> Zulassen in Boudoir und Thee-Salon: -
> Uns kümmerts nicht![191]

Es kümmerte Dahn doch und sehr, zumal Scheffel, der enge Freund und Weggefährte, noch im selben Jahr starb und damit eine weitere wichtige Bastion im Kampf gegen die Moderne gefallen war. Wie sehr es ihn kümmerte, zeigen die zahlreichen Ausfälle gegen die Kunst der Moderne in Gedichtform und in seinen *Erinnerungen*, bei denen er sich kaum noch unter Kontrolle hatte: »Denn auch die deutsche Bühne ist seit dreißig Jahren ganz gewaltig gesunken: künstlerisch und sittlich. Und vollends die Mädchen! Wie viele von ihnen sollte der Vater lieber auf den Scheiterhaufen als auf jene Bretter führen, welche die Welt des ›fin de siècle‹, der ›Moderne‹ nicht blos *bedeuten*, sondern allzuoft *sind*.«[192] Ressentiment ist auf Sachkenntnis nicht angewiesen; Dahn hat schon 1895 eingestanden, dass er seit 22 Jahren (also seit dem Ruf auf die Königsberger Professur) von

---

191 Dahn: *Erinnerungen*, Bd. 3, S. 262 f.
192 Dahn: *Erinnerungen*, Bd. 4.2, S. 700.

der jüngeren deutschen und europäischen Literatur so gut wie nichts wahrgenommen habe, weil ihm die Zeit zu außerfachlicher Lektüre nicht geblieben sei.[193] Umso ausgeprägter muss sein Empfinden gewesen sein, als Dichter den Kontakt zu seiner eigenen Zeit zu verlieren oder schon verloren zu haben, und umso dichter schloss er das von Widmungen in seiner eigenen Wirklichkeit verankerte Gegenreich seiner Dichtungen von der Gegenwart ab.

Felix Dahn starb im Jahre 1912; im selben Jahr starb mit Georg Heym bereits ein erster großer Dichter des literarischen Expressionismus. Es ist Felix Dahn erspart geblieben, die Folgen des von ihm gepredigten Nationalismus im Ersten Weltkrieg noch zu erleben; viele Dichter und Künstler der von ihm geschmähten Moderne sind ihm zum Opfer gefallen.

---

193 Ebd., S. 188 f.

Ernst Osterkamp, 1950 in Tecklenburg geboren, studierte in Münster Germanistik, Sozialwissenschaften und Philosophie. 1977 Promotion an der Universität Münster. Nach einjähriger freier Verlagsmitarbeit seit 1979 wissenschaftlicher Assistent am Institut für Germanistik der Universität Regensburg. 1988 Habilitation im Fach Deutsche Philologie (Neuere deutsche Literaturwissenschaft). Von 1992 bis 2016 Professor für Neuere deutsche Literatur an der Humboldt-Universität zu Berlin. Gastprofessuren u. a. an der New York University und an der Washington University in St. Louis. 1989–1995 Präsident der Rudolf-Borchardt-Gesellschaft. 1999/2000 Getty Scholar am Getty Research Institute, Los Angeles. 2003/2004 Fellow der Carl Friedrich von Siemens Stiftung, München. 2010 Aby Warburg Professor der Aby Warburg-Stiftung, Hamburg. 2003 Wahl zum ordentlichen Mitglied der Akademie der Wissenschaften und der Literatur, Mainz. 2006 Wahl zum ordentlichen Mitglied der Berlin-Brandenburgischen Akademie der Wissenschaften. 2010 Wahl zum ordentlichen Mitglied der Deutschen Akademie für Sprache und Dichtung, seit 2017 deren Präsident. Seit 2010 Mitglied des Stiftungsrats der Carl Friedrich von Siemens Stiftung, München. Forschungsschwerpunkte: Deutsche Literatur der Klassik, insbesondere das Werk Goethes, und der Klassischen Moderne sowie die Wechselbeziehungen zwischen den Künsten (Dichtung und Bildende Kunst, Oper).

Selbständige Publikationen (Auswahl)

Lucifer. Stationen eines Motivs. Berlin/New York 1979.

Im Buchstabenbilde. Studien zum Verfahren Goethescher Bildbeschreibungen. Stuttgart 1991.

Johann Joachim Winckelmanns »Heftigkeit im Reden und Richten«. Zur Funktion der Polemik in Leben und Werk des Archäologen. Stendal 1992.

Rudolf Borchardt: Aufzeichnung Stefan George betreffend. Aus dem Nachlaß hg. und erläutert von Ernst Osterkamp. München 1998.

»Ihr wisst nicht wer ich bin«. Stefan Georges poetische Rollenspiele. München 2002.

Stefan George: Gedichte. Hg. und mit einem Nachwort von Ernst Osterkamp. Frankfurt a. M. 2005.

Gewalt und Gestalt. Die Antike im Spätwerk Goethes. Basel 2007.

Poesie der leeren Mitte. Stefan Georges Neues Reich. München 2010.

»Der Kraft spielende Übung«. Studien zur Formgeschichte der Künste seit der Aufklärung. Hg. von Jens Bisky, Martin Dönike, Bernd Klöckener, Steffen Martus und Andrea Polaschegg. Göttingen 2010.

Die Pferde des Expressionismus. Triumph und Tod einer Metapher. München 2010.

Deutscher Geist. Ein amerikanischer Traum. Eine Ausstellung des Deutschen Literaturarchivs. Marbach 2010 (mit David Wellbery).

Goethe Handbuch. Supplemente. Bd. 3. Kunst. Hg. von Andreas Beyer und Ernst Osterkamp. Stuttgart/Weimar 2011.

Edna St. Vincent Millay. Leben in Bildern. Berlin 2014.

Caroline von Humboldt und die Kunst. Berlin 2017.

THEMEN – Eine Publikationsreihe der Carl Friedrich von Siemens Stiftung

In der Reihe *Themen* wird eine kleine Auswahl der im Wissenschaftlichen Programm der Carl Friedrich von Siemens Stiftung gehaltenen Vorträge in teilweise überarbeiteter und erweiterter Form veröffentlicht. Die Publikationen können von der Stiftung direkt bezogen werden. Vergriffene Bände sind mit dem Vermerk *vgr* gekennzeichnet.

1 Reinhard Raffalt: *Das Problem der Kontaktbildung in der zeitgenössischen Gesellschaft.* 1960. 2. Auflage 1970. 20 S. *vgr*
2 Kurd von Bülow: *Über den Ort des Menschen in der Geschichte der Erde.* 1961. 2. Auflage 1970. 32 S. *vgr*
3 Albert Maucher: *Über das Gespräch.* 1961. 2. Auflage 1970. 22 S. *vgr*
4 Felix Messerschmid: *Das Problem der Planung im Bereich der Bildung.* 1961. 2. Auflage 1970. 34 S.
5 Peter Dürrenmatt: *Das Verhältnis der Deutschen zur Wirklichkeit der Politik.* 1963. 2. Auflage 1970. 40 S. *vgr*
6 Fumio Hashimoto: *Die Bedeutung des Buddhismus für den modernen Menschen.* 1964. 2. Auflage 1970. 36 S. *vgr*
7 Clemens-August Andreae: *Leben wir in einer Überflußgesellschaft?* 1965. 2. Auflage 1970. 28 S. *vgr*
8 Rolf R. Bigler: *Möglichkeiten und Grenzen der Psychologischen Rüstung.* 1965. 2. Auflage 1970. 35 S.
9 Robert Sauer: *Leistungsfähigkeit von Automaten und Grenzen ihrer Leistungsfähigkeit.* 1965. 2. Auflage 1970. 32 S. *vgr*
10 Hubert Schrade: *Die Wirklichkeit des Bildes.* 1966. 66 S. *vgr*
11 Wilhelm Lehmann: *Das Drinnen im Draußen oder Verteidigung der Poesie.* 1968. 24 S. *vgr*
12 Richard Lange: *Die Krise des Strafrechts und seiner Wissenschaften.* 1969. 46 S. *vgr*
13 Hellmut Diwald: *Ernst Moritz Arndt. Das Entstehen des deutschen Nationalbewußtseins.* 1970. 46 S. *vgr*
14 *Zehn Jahre Carl Friedrich von Siemens Stiftung.* 1970. 54 S. *vgr*
15 Ferdinand Seibt: *Jan Hus. Das Konstanzer Gericht im Urteil der Geschichte.* 1973. 58 S. *vgr*
16 Heinrich Euler: *Napoleon III. Versuch einer Deutung.* 1973. 82 S. *vgr*

17 Günter Schmölders: *Carl Friedrich von Siemens. Vom Leitbild des groß-industriellen Unternehmers.* 1973. 64 S. *vgr*
18 Ulrich Hommes: *Entfremdung und Versöhnung. Zur ideologischen Verführung des gegenwärtigen Bewußtseins.* 1973. 50 S. *vgr*
19 Dennis Gabor: *Holographie 1973.* 1974. 52 S.
20 Wilfried Guth: *Geldentwertung als Schicksal?* 1974. 44 S.
21 Hans-Joachim Queisser: *Festkörperforschung.* 1975. 2. Auflage 1976. 64 S. *vgr*
22 Ekkehard Hieronimus: *Der Traum von den Urkulturen.* 1975. 2. Auflage 1984. 54 S. *vgr*
23 Julien Freund: *Georges Sorel.* 1977. 76 S. *vgr*
24 Otto Kimminich: *Entwicklungstendenzen des gegenwärtigen Völkerrechts.* 1976. 2. Auflage 1977. 52 S.
25 Hans-Joachim Hoffmann-Nowotny: *Umwelt und Selbstverwirklichung als Ideologie.* 1977. 42 S. *vgr*
26 Franz C. Lipp: *Eine europäische Stammestracht im Industriezeitalter. Über das Vorder- und Hintergründige der bayerisch-österreichischen Trachten.* 1978. 43 S. *vgr*
27 Christian Meier: *Die Ohnmacht des allmächtigen Dictators Caesar.* 1978. 108 S. *vgr*
28 Stephan Waetzoldt und Alfred A. Schmid: *Echtheitsfetischismus? Zur Wahrhaftigkeit des Originalen.* 1979. 72 S. *vgr*
29 Max Imdahl: *Giotto. Zur Frage der ikonischen Sinnstruktur.* 1979. 60 S. *vgr*
30 Hans Frauenfelder: *Biomoleküle. Physik der Zukunft?* 1980. 2. Auflage 1984. 53 S. *vgr*
31 Günter Busch: *Claude Monet »Camille«. Die Dame im grünen Kleid.* 1981. 2. Auflage 1984. 50 S.
32 Helmut Quaritsch: *Einwanderungsland Bundesrepublik Deutschland? Aktuelle Reformfragen des Ausländerrechts.* 1981. 2. Auflage 1982. 92 S. *vgr*
33 Armand Borel: *Mathematik: Kunst und Wissenschaft.* 1982. 2. Auflage 1984. 58 S. *vgr*
34 Thomas S. Kuhn: *Was sind wissenschaftliche Revolutionen?* 1982. 2. Auflage 1984. 62 S. *vgr*
35 Peter Claus Hartmann: *Karl VII.* 1982. 2. Auflage 1984. 60 S.
36 Frédéric Durand: *Nordistik. Einführung in die skandinavischen Studien.* 1983. 104 S.
37 Hans-Martin Gauger: *Der vollkommene Roman: »Madame Bovary«.* 1983. 2. Auflage 1986. 70 S. *vgr*

38 Werner Schmalenbach: *Das Museum zwischen Stillstand und Fortschritt.* 1983. 47 S.
39 Wolfram Eberhard: *Über das Denken und Fühlen der Chinesen.* 1984. 2. Auflage 1987. 48 S. *vgr*
40 Walter Burkert: *Anthropologie des religiösen Opfers.* 1984. 2. Auflage 1987. 64 S. *vgr*
41 Christopher Freeman: *Die Computerrevolution in den langen Zyklen der ökonomischen Entwicklung.* 1985. 57 S. *vgr*
42 Benno Hess und Peter Glotz: *Mensch und Tier. Grundfragen biologisch-medizinischer Forschung.* 1985. 60 S. *vgr*
43 Hans Elsässer: *Die neue Astronomie.* 1986. 64 S. *vgr*
44 Ernst Leisi: *Naturwissenschaft bei Shakespeare.* 1988. 124 S. *vgr*
45 Dietrich Murswiek: *Das Staatsziel der Einheit Deutschlands nach 40 Jahren Grundgesetz.* 1989. 56 S. *vgr*
46 François Furet: *Zur Historiographie der Französischen Revolution heute.* 1989. 50 S. *vgr*
47 Ernst-Wolfgang Böckenförde: *Zur Lage der Grundrechtsdogmatik nach 40 Jahren Grundgesetz.* 1990. 86 S. *vgr*
48 Christopher Bruell: *Xenophons Politische Philosophie.* 1990. 2. Auflage 1994. 71 S. *vgr*
49 Heinz-Otto Peitgen und Hartmut Jürgens: *Fraktale. Gezähmtes Chaos.* 1990. 70 S. mit 25 Abb. und 4 Farbtafeln. *vgr*
50 Ernest L. Fortin: *Dantes »Göttliche Komödie« als Utopie.* 1991. 62 S. mit 8 Abb. *vgr*
51 Ernst Gottfried Mahrenholz: *Die Verfassung und das Volk.* 1992. 58 S. *vgr*
52 Jan Assmann: *Politische Theologie zwischen Ägypten und Israel.* 1992. 2. Auflage 1995. 122 S. 3., erweiterte Auflage 2006. 138 S. 4. Auflage 2017. 140 S.
53 Gerhard Kaiser: *Fitzcarraldo Faust. Werner Herzogs Film als postmoderne Variation eines Leitthemas der Moderne.* 1993. 74 S. mit 1 Abb. *vgr*
54 Paul A. Cantor: *»Macbeth« und die Evangelisierung von Schottland.* 1993. 88 S.
55 Walter Burkert: *»Vergeltung« zwischen Ethologie und Ethik.* 1994. 48 S. *vgr*
56 Albrecht Schöne: *Fausts Himmelfahrt. Zur letzten Szene der Tragödie.* 1994. 40 S. *vgr*
57 Seth Benardete: *On Plato's »Symposium« – Über Platons »Symposion«.* 1994. 2. Auflage 1999. 106 S. 3. Auflage 2012. 110 S. mit einer Farbausschlagtafel.

58 Yosef Hayim Yerushalmi: *»Diener von Königen und nicht Diener von Dienern«. Einige Aspekte der politischen Geschichte der Juden.* 1995. 62 S. *vgr*

59 Stefan Hildebrandt: *Wahrheit und Wert mathematischer Erkenntnis.* 1995. 60 S. mit 12 Abb.

60 Dieter Grimm: *Braucht Europa eine Verfassung?* 1995. 58 S. *vgr*

61 Horst Bredekamp: *Repräsentation und Bildmagie der Renaissance als Formproblem.* 1995. 84 S. mit 32 Abb. *vgr*

62 Paul Kirchhof: *Die Verschiedenheit der Menschen und die Gleichheit vor dem Gesetz.* 1996. 80 S. *vgr*

63 Ralph Lerner: *Maimonides' Vorbilder menschlicher Vollkommenheit.* 1996. 50 S. mit 5 Abb.

64 Hasso Hofmann: *Bilder des Friedens oder Die vergessene Gerechtigkeit. Drei anschauliche Kapitel der Staatsphilosophie.* 1997. 2. Auflage 2008. 98 S. mit 36 Abb.

65 Ernst-Wolfgang Böckenförde: *Welchen Weg geht Europa?* 1997. 60 S. *vgr*

66 Peter Gülke: *Im Zyklus eine Welt. Mozarts letzte Sinfonien.* 1997. 64 S. mit 2 Abb. und 9 Notenbeispielen. 2. Auflage 2015. 76 S. mit 2 Abb. und 11 Notenbeispielen.

67 David E. Wellbery: *Schopenhauers Bedeutung für die moderne Literatur.* 1998. 70 S.

68 Klaus Herding: *Freuds »Leonardo«. Eine Auseinandersetzung mit psychoanalytischen Theorien der Gegenwart.* 1998. 80 S. mit 7 Abb. *vgr*

69 Jürgen Ehlers: *Gravitationslinsen. Lichtablenkung in Schwerefeldern und ihre Anwendungen.* 1999. 58 S. mit 15 Abb. und 4 Farbtafeln.

70 Jürgen Osterhammel: *Sklaverei und die Zivilisation des Westens.* 2000. 2. Auflage 2009. 74 S. mit 1 Abb.

71 Lorraine Daston: *Eine kurze Geschichte der wissenschaftlichen Aufmerksamkeit.* 2001. 60 S. mit 7 Abb. *vgr*

72 John M. Coetzee: *The Humanities in Africa – Die Geisteswissenschaften in Afrika.* 2001. 98 S.

73 Georg Kleinschmidt: *Die plattentektonische Rolle der Antarktis.* 2001. 86 S. mit 20 Abbildungen, 16 Farbtafeln und einer Ausschlagtafel.

74 Ernst Osterkamp: *»Ihr wisst nicht wer ich bin« – Stefan Georges poetische Rollenspiele.* 2002. 60 S. mit 5 Abb.

75 Peter von Matt: *Ästhetik der Hinterlist. Zu Theorie und Praxis der Intrige in der Literatur.* 2002. 62 S.

76 Seth Benardete: *Socrates and Plato. The Dialectics of Eros – Sokrates und Platon. Die Dialektik des Eros.* 2002. 98 S. mit 1 Abb.

77 Robert Darnton: *Die Wissenschaft des Raubdrucks. Ein zentrales Element im Verlagswesen des 18. Jahrhunderts.* 2003. 82 S. mit 3 Abb.

78 Michael Maar: *Sieben Arten, Nabokovs »Pnin« zu lesen.* 2003. 74 S.

79 Michael Theunissen: *Schicksal in Antike und Moderne.* 2004. 72 S. 2. Auflage 2017. 74 S.

80 Paul Zanker: *Die Apotheose der römischen Kaiser. Ritual und städtische Bühne.* 2004. 86 S. mit 31 Abb.

81 Glen Dudbridge: *Die Weitergabe religiöser Traditionen in China.* 2004. 64 S. mit 8 Farbtafeln.

82 Heinrich Meier: *»Les rêveries du Promeneur Solitaire«. Rousseau über das philosophische Leben.* 2005. 68 S. 2. Auflage 2010. 70 S. mit 12 Abb.

83 Jean Bollack: *Paul Celan unter judaisierten Deutschen.* 2005. 70 S.

84 Rudolf Smend: *Julius Wellhausen. Ein Bahnbrecher in drei Disziplinen.* 2006. 72 S. mit 4 Tafeln.

85 Martin Mosebach: *Die Kunst des Bogenschießens und der Roman. Zu den »Commentarii« des Heimito von Doderer.* 2006. 74 S. mit 13 Abb.

86 Ernst-Wolfgang Böckenförde: *Der säkularisierte Staat. Sein Charakter, seine Rechtfertigung und seine Probleme im 21. Jahrhundert.* 2007. 82 S. 2. Auflage 2015

87 Marie Theres Fögen: *Das Lied vom Gesetz.* 2007. 140 S. mit 5 Abb.

88 Helen Vendler: *Primitivismus und das Groteske. Yeats' »Supernatural Songs«.* 2007. 88 S. mit 8 Abb.

89 Winfried Menninghaus: *Kunst als »Beförderung des Lebens«. Perspektiven transzendentaler und evolutionärer Ästhetik.* 2008. 70 S.

90 Horst Bredekamp: *Der Künstler als Verbrecher. Ein Element der frühmodernen Rechts- und Staatstheorie.* 2008. 90 S. mit 25 Abb.

91 Horst Dreier: *Gilt das Grundgesetz ewig? Fünf Kapitel zum modernen Verfassungsstaat.* 2009. 128 S. mit 6 Abb.

92 Ernst Osterkamp: *Die Pferde des Expressionismus. Triumph und Tod einer Metapher.* 2010. 74 S. mit 10 Abb.

93 Gerhard Neumann: *Verfehlte Anfänge und offenes Ende. Franz Kafkas poetische Anthropologie.* 2011. 88 S.

94 Jürgen Stolzenberg: *»Seine Ichheit auch in der Musik heraustreiben«. Formen expressiver Subjektivität in der Musik der Moderne.* 2011. 102 S.

95 Heinrich Detering: *Die Stimmen aus dem Limbus. Bob Dylans späte Song Poetry.* 2012. 62 S.

96 Richard G. M. Morris: *Lernen und Gedächtnis. Neurobiologische Mechanismen.* 2013. 80 S. mit 7 Abb.

97 Jan Wagner: *Ein Knauf als Tür. Wie Gedichte beginnen und wie sie enden.* 2014. 80 S.
98 Walter Werbeck: *Richard Strauss. Facetten eines neuen Bildes.* 2014. 92 S. mit 6 Abb.
99 Karl Schlögel: *Archäologie des Kommunismus oder Russland im 20. Jahrhundert. Ein Bild neu zusammensetzen.* 2014. 120 S. mit 15 Abb.
100 Ronna Burger: *On Plato's »Euthyphro« – Über Platons »Euthyphron«.* 2015. 124 S.
101 Andreas Voßkuhle: *Die Verfassung der Mitte.* 2016. 70 S.
102 David E. Wellbery: *Goethes »Faust I«. Reflexion der tragischen Form.* 2016. 102 S.
103 Peter Schäfer: *Jüdische Polemik gegen Jesus und das Christentum. Die Entstehung eines jüdischen Gegenevangeliums.* 2017. 80 S.
104 Michael Jaeger: *Goethe, Faust und der Wanderer. Lebensbruchstücke, Tragödienfragmente.* 2017. 96 S. mit 19 Abb.
105 Christian Waldhoff: *Das andere Grundgesetz. Gedanken über Verfassungskultur.* 2019. 82 S.
106 Ernst Osterkamp: *Felix Dahn oder Der Professor als Held.* 2019. 140 S. mit 1 Abb.

Außerhalb der Reihe sind erschienen:

1985 – 1995 Carl Friedrich von Siemens Stiftung – Zehnjahresbericht. 1996. 2. Auflage 1999. 144 S. mit 81 Abbildungen.

1995 – 2005 Carl Friedrich von Siemens Stiftung – Zehnjahresbericht. 2005. 174 S. mit 117 Abbildungen.

Notiz zur Zitierweise
Ernst Osterkamp
Felix Dahn oder Der Professor als Held.
München: Carl Friedrich von Siemens Stiftung, 2019
(Reihe »Themen«, Bd. 106).

ISBN 978-3-938593-32-5

Carl Friedrich von Siemens Stiftung
Südliches Schloßrondell 23
80638 München

© 2019 Carl Friedrich von Siemens Stiftung, München
Layout und Herstellung Rainer Wiedemann
Druck Mayr Miesbach GmbH

Edition der
Carl Friedrich von Siemens
Stiftung

Friedrich Wilhelm Graf, Heinrich Meier (Hg.)
**Politik und Religion
Zur Diagnose der Gegenwart**
München, C.H. Beck, 2013. 2. Auflage 2017
325 Seiten. Klappenbroschur. € 14,95

Friedrich Wilhelm Graf
Einleitung

Hans Ulrich Gumbrecht
**Religion und Politik in den Vereinigten Staaten
Über die Geschichtlichkeit einer kulturellen Invariante**

Gregory L. Freeze
**Von der Entkirchlichung zur Laisierung
Staat, Kirche und Gläubige in Rußland**

Hillel Fradkin
**Die lange Suche nach dem Islamischen Staat
Religion und Politik im Islam
und die Dynamik der Gegenwart**

Robert C. Bartlett
**Religion und Politik
in der klassischen politischen Wissenschaft**

Peter Schäfer
**Theokratie: Die Herrschaft Gottes
als Staatsverfassung in der jüdischen Antike**

Giorgio Agamben
Archäologie des Befehls

Hans Joas
**Sakralisierung und Entsakralisierung
Politische Herrschaft und religiöse Interpretation**

Jürgen Habermas
Politik und Religion

Heinrich Meier
Epilog – Politik, Religion und Philosophie

Edition der
Carl Friedrich von Siemens
Stiftung

Friedrich Wilhelm Graf, Heinrich Meier (Hg.)
**Die Zukunft der Demokratie
Kritik und Plädoyer**
München, C.H. Beck, 2018
364 Seiten. Klappenbroschur. € 14,95

Friedrich Wilhelm Graf
Einleitung

Horst Dreier
Vom Schwinden der Demokratie

Herfried Münkler
Verkleinern und Entschleunigen
oder die Partizipationsformen neu arrangieren?

Egon Flaig
Wie entscheidungsfähig sind Demokratien?
Historische Rückbesinnung auf Gemeinwohl
und politische Kohäsion

Peter Sloterdijk
Von pseudonymer Politik
Über einige weit verbreitete Mißverständnisse
der Demokratie

Thomas L. Pangle
Was macht die amerikanische Demokratie
so außergewöhnlich?

Dan Diner
Volkssouveränität und Legitimität
Historisches zum „Arabischen Frühling"
in prospektiver Absicht

Sabino Cassese
Globale Dimensionen der Demokratie

Dietrich Murswiek
Die Mehrebenendemokratie in Europa –
ein Ding der Unmöglichkeit?

Heinrich Meier
Epilog
Die Vergangenheit einer Illusion